Hitro in okusno 2023

Kuhajte v mikrovalovni pečici s tem kuharskim priročnikom

Alojz Pušnik

Kazalo

Paella *13*
Paella s pimientosom *14*
Piščanec Amandine *15*
Piščančji amandin s paradižnikom in baziliko *16*
Piščančji divan *17*
Piščanec v smetanovi omaki z zeleno *18*
Piščanec v smetanovi omaki s čipsom *18*
Piščanec po kraljevi *19*
Turčija à la King *20*
Piščanec po kraljevi s sirom *20*
Piščanec à la King Shortcakes *20*
Slimmersova omaka iz piščančjih jeter *21*
Slimmersova dušena jetra iz puranjih jeter *22*
Piščančji Tetrazzini *23*
Enolončnica s piščancem in mešano zelenjavo *24*
Medeni piščanec na rižu *25*
Piščanec v beli rumovi omaki z limeto *26*
Piščanec v brandy omaki s pomarančo *27*
Bedrca v žar omaki z otroškimi testeninami *28*
Piščanec v mehiški mole omaki *29*
Piščančja krila v žar omaki z otroškimi testeninami *30*
Piščančja Jambalaya *31*

Turčija Jambalaya 32
Piščanec s kostanjem 33
Piščančji Gumbo 34
Turčija Gumbo 36
Piščančje prsi z rjavo pomarančno podlago 36
Piščanec v smetanovi poprovi omaki 37
Puran v smetanovi poprovi omaki 38
Gozdni piščanec 39
Piščanec z jabolki in rozinami 40
Piščanec s hruškami in rozinami 41
Grenivkin piščanec 42
Madžarski piščanec in mešana zelenjava 43
Piščanec Bourguignonne 44
Piščančji frikase 46
Piščančji frikase z vinom 47
Chicken Supreme 47
Coq au Vin 48
Coq au Vin z gobami 49
Coq au Cola 49
Bobnarske palčke z devilled premazom 50
Piščanec Cacciatore 51
Piščančji lovilec 52
Piščanec Marengo 52
Piščanec s sezamom 53
Deželni kapitan 54
Piščanec v paradižnikovi in kaper omaki 56
Piščančje paprike 58

Odtenki vzhodnega piščanca 60
Nasi Goreng 62
Pečen puran 63
Španska Turčija 64
Turanji takosi 65
Takosi s palačinkami 66
Turčija štruca 67
Anglo-madraški puranski kari 68
Puranji curry s sadjem 69
Puranjeva pita iz kruha in masla 70
Puran in riževa enolončnica z nadevom 72
Puranje prsi s pomarančno glazuro 73
Sladko-kisla raca 74
Kantonska raca 75
Raca s pomarančno omako 76
Raca v francoskem slogu 78
Pečenje izkoščenih in zvitih kosov mesa 80
Sladko-kisli svinjski kotleti s pomarančo in limeto 81
Mesna štruca 82
Puran in terina iz klobas 83
Svinjski kotleti s hitrim prelivom 83
Havajska enolončnica s svinjino in ananasom 84
Havajska enolončnica z gamonom in ananasom 85
Praznični Gammon 86
Glaziran Gala Gammon 87
Paella s špansko salamo 88
Mesne kroglice na švedski način 88

Svinjska pečenka z ocvirki 90
Svinjska pečenka z medom 90
Svinjski kotleti z rdečim zeljem 91
Svinjski fileji po rimsko 92
Svinjski file in zelenjavna enolončnica 93
Čili svinjski kotleti 94
Svinjina s čatnijem in mandarinami 95
Rebra na žaru 96
V šunko ovita cikorija v sirovi omaki 97
Svinjska rebra v lepljivi pomarančni žar omaki 99
Zrezek in puding z gobami 100
Zrezek in ledvični puding 102
Zrezek in kostanjev puding 102
Zrezek in vložen orehov puding s suhimi slivami 102
Južnoameriško 'sesekljano' meso 102
Brazilsko 'sesekljano' meso z jajci in olivami 103
Sendvič Reuben 104
Goveji Chow Mein 104
Goveji kotlet Suey 105
Enolončnica iz jajčevcev in govedine 105
Kari iz mesnih kroglic 107
Italijanske mesne kroglice 108
Hitre mesne kroglice s papriko 109
Zeliščna goveja bifejska rezina 110
Arašidova govedina s kokosom na malezijski način 111
Hitra štruca z govedino in majonezo 112
Govedina, kuhana v rdečem vinu 113

Namak iz kovanih jajčevcev 115
Jajčevčev namak s paradižnikom in mešanico zelišč 116
Bližnjevzhodna pomaka iz jajčevcev in tahinija 117
Turški jajčevčev dip 118
Grški jajčevčev dip 119
Bagna Cauda 120
Enolončnica iz jajčevcev 121
Vložene koktajl gobe 123
Polnjene pečene jajčevce z jajci in pinjolami 124
grške gobe 125
Vinaigrette iz artičok 126
Cesarska solata 127
Nizozemska cikorija z jajcem in maslom 128
Jajčna majoneza 129
Jajca z majonezo Skordalia 130
Škotska gozdna šklupa 131
Jajca s švedsko majonezo 132
Turška fižolova solata 133
Fižolova solata z jajci 134
Lončnica 135
Kozica v loncu 136
Pečen polnjen jajčni avokado 137
Avokado, polnjen s paradižnikom in sirom 138
Skandinavski rollmop in jabolčna solata 139
Rollmop in jabolčna solata s curry omako 140
Listnata solata s kozjim sirom in toplim prelivom 141
Pečene paradižnikove sladice 141

Polnjeni paradižniki 142
Italijanski polnjeni paradižniki 143
Skodelice za paradižnikovo in piščančjo solato 145
Sesekljano jajce in čebula 146
Quiche Lorraine 147
Quiche s sirom in paradižnikom 149
Quiche z dimljenim lososom 149
Quiche s kozicami 149
Špinačni Quiche 149
Mediteranski Quiche 150
Quiche s šparglji 151
Narezani orehi 152
Brazilski orehi s karijem 153
Modri sir in pecan flan 154
Bogata jetrna pašteta 156
Vroča in kisla rakova juha 157
Enostavna orientalska juha 159
Juha z jetrnimi cmoki 160
Korenčkova kremna juha 161
Ohlajena juha iz korenčka in pora 162
Juha s korenčkom in koriandrom 163
Korenčkova s pomarančno juho 163
Solatna kremna juha 164
Zelena pire juha 165
Juha iz pastinaka in peteršilja z vasabijem 166
Juha iz sladkega krompirja 166
Kremna zelenjavna juha 167

Juha iz zelenega graha 168
Bučna juha 168
Kremna gobova juha 168
Kremna bučna juha 169
Porova juha 170
Škotska juha 171
Izraelska piščančja in avokadova juha 172
Avokadova juha z rdečo peso 172
Bortsch 173
Hladni Bortsch 174
Kremni hladni borč 174
Juha iz pomarančne leče 175
   Pomarančna juha iz leče s sirom in popečenimi indijskimi oreščki
.... 176
Lečina juha s paradižnikovim okrasom 176
Rumena grahova juha 177
Francoska čebulna juha 178
Minestrone 179
Minestrone Genovese 180
Italijanska krompirjeva juha 181
Juha iz svežega paradižnika in zelene 182
Paradižnikova juha z avokadovim prelivom 183
Ohlajena juha s sirom in čebulo 184
Sirna juha na švicarski način 185
Avgolemono juha 186
Kumarična kremna juha s pastisom 187
Curry juha z rižem 188

Vichyssoise 189
Ohlajena kumarična juha z jogurtom 190
Ohlajena špinačna juha z jogurtom 191
Ohlajena paradižnikova juha s šerijem 192
Ribja juha iz Nove Anglije 193
Rakova juha 194
Juha z rakci in limono 195
Jastogov biskvit 195
Posušena juha v paketu 195
Kondenzirana juha v pločevinkah 196
Pogrevanje juh 196
Segrevanje jajc za kuhanje 196
Poširana jajca 197
Ocvrta (dušena) jajca 198
Piperade 199
Piperade z Gammon 200
Piperada 200
Jajca po florentinsko 201
Poširano jajce Rossini 202
Mešanica iz jajčevcev 202
Klasična omleta 204
Omlete z okusom 205
Brunch Omleta 206
Poširano jajce s topljenim sirom 206
Jajca Benedict 207
Omleta Arnold Bennett 208
Tortilja 209

Španska omleta z mešano zelenjavo 210
Španska omleta s šunko 211
Sirna jajca v omaki iz zelene... 211
Jajca Fu Yung 212
Pica omleta 213
Soufflé omleta 214
Rollmops z marelicami.. 215
Poširan Kipper... 216
Kozice Madras 217
Martini zvitki morske plošče z omako... 218

Paella

Služi 6

1 kg/2¼ lb piščančjih prsi brez kosti
30 ml/2 žlici oljčnega olja
2 čebuli, sesekljani
2 stroka česna, zdrobljena
1 zelena (bolgarska) paprika, brez semen in narezana
225 g/8 oz/1 skodelica rižotskega riža
1 zavitek žafrana v prahu ali 5 ml/1 čajna žlička kurkume
175 g/6 oz/1½ skodelice zamrznjenega graha
4 paradižniki, blanširani in olupljeni
225 g/8 oz kuhanih školjk
75 g/3 oz/¾ skodelice kuhane šunke, narezane na kocke
125 g/4 oz/1 skodelica olupljenih kozic (škampov)
600 ml/1 pt/2½ skodelice vrele vode
7,5–10 ml/1½–2 žlički soli
Ekstra kuhane školjke, kuhane kozice in rezine limone za okras

Piščanca razporedite po robu pekača s premerom 25 cm/10 (nizozemska pečica), tako da v sredini pustite luknjo. Pokrijte s filmom za živila (plastično folijo) in ga dvakrat zarežite, da lahko para uhaja. Kuhajte na polni moči 15 minut. Odlijemo tekočino in rezerviramo. Piščanca narežite na kocke. Posodo operemo in osušimo. V posodo nalijte olje in segrevajte na polni moči 1 minuto. Primešajte čebulo, česen in zeleno papriko. Kuhajte brez pokrova na polni moči 4 minute. Dodajte vse preostale sestavine s piščancem in prihranjeno pijačo ter dobro premešajte. Pokrijte kot prej in kuhajte na polni moči 20 minut, posodo trikrat obrnite. Pustite stati v pečici 10 minut, nato pa kuhajte še 5 minut. Odkrijte in okrasite s školjkami, kozicami in rezinami limone.

Paella s pimientosom

Služi 6

Pripravite kot za paello, vendar izpustite školjke in druge morske sadeže, če želite, ter okrasite z rezinami limone, 200 g/7 oz odcejenih konzerviranih pimientosov, narezanih na trakove, in dodatnim grahom.

Piščanec Amandine

Služi 4

Tipičen severnoameriški recept za bližnjico.

4 poussini (piščanci), približno 450 g/1 lb vsak
300 ml/10 fl oz/1 pločevinka kondenzirane kremne gobove juhe
150 ml/¼ pt/2/3 skodelice srednje suhega šerija
1 strok česna, zdrobljen
90 ml/6 žlic praženih (narezanih) mandljev
175 g/6 oz/¾ skodelice rjavega riža, kuhanega
Brokoli

Poussine položite s prsmi navzdol in v eni plasti v velik, globok krožnik, ki ga lahko postavite v mikrovalovno pečico. Pokrijte s filmom za živila (plastično folijo) in ga dvakrat zarežite, da lahko para uhaja. Kuhajte na polni moči 25 minut in posodo štirikrat obrnite. Piščance obrnite tako, da so sedaj s prsmi navzgor. Juho nežno zmešajte s šerijem in morebitnimi piščančjimi sokovi. Vmešajte česen. Prelijte nazaj čez piščance. Pokrijte kot prej in kuhajte na Polni 15 minut, posodo trikrat obrnite. Pustite stati 5 minut. Piščance prestavimo na segrete jedilne krožnike in premažemo z omako. Potresemo z mandlji in postrežemo z rižem in brokolijem.

Piščančji amandin s paradižnikom in baziliko

Služi 4

Pripravite kot piščančjo amandino, vendar zamenjajte kondenzirano kremno paradižnikovo juho za gobovo juho in marsalo za šeri. Proti koncu kuhanja dodajte 6 natrganih listov bazilike.

Piščančji divan

Služi 4

Še ena enostavna severnoameriška specialiteta, tradicionalno pripravljena z brokolijem.

1 velika glava brokolija, kuhanega
25 g/1 oz/2 žlici masla ali margarine
45 ml/3 žlice navadne (univerzalne) moke
150 ml/¼ pt/2/3 skodelice tople piščančje juhe
150 ml/¼ pt/2/3 skodelice enojne (lahke) smetane
50 g/2 oz/½ skodelice sira Red Leicester, nariban
30 ml/2 žlici suhega belega vina
5 ml/1 čajna žlička blage pripravljene gorčice
225 g/8 oz/2 skodelici kuhanega piščanca, narezanega na kocke
Sol
Mleti muškatni oreščer
45 ml/3 žlice naribanega parmezana
paprika

Brokoli razdelite na cvetove in jih razporedite po dnu rahlo namaščenega globokega krožnika s premerom 25 cm/10 cm. V ločeni posodi segrevajte maslo ali margarino na polni moči 45–60 sekund, da zacvrči. Primešamo moko in postopoma vmešamo toplo mešanico in smetano. Kuhajte na polni moči 4–5 minut, dokler ne nastane mehurček in se zgosti, vsako minuto mešajte. Vmešajte Red Leicester, vino, gorčico in piščanca. Po okusu dodamo sol in muškatni orešček.

Brokoli prelijemo z omako. Potresemo s parmezanom in papriko. Pokrijte s filmom za živila (plastično folijo) in ga dvakrat zarežite, da lahko para uhaja. Ponovno segrevajte pri odmrzovanju 8–10 minut, dokler ni vroče.

Piščanec v smetanovi omaki z zeleno

Služi 4

Pripravite kot piščančji divan, vendar brokoli nadomestite s 400 g/14 oz/1 veliko pločevinko srčkov zelene, odcejenih. (Tekočina iz pločevinke je lahko rezervirana za druge recepte.)

Piščanec v smetanovi omaki s čipsom

Služi 4

Pripravimo kot piščančji divan, le da izpustimo sirni in paprikin preliv. Namesto tega potresemo z 1 majhno vrečko krompirjevega čipsa (čipsa), grobo zdrobljenega.

Piščanec po kraljevi

Služi 4

Še en uvoz iz ZDA in inovativen način uporabe ostankov piščanca.

40 g/1½ oz/3 žlice masla ali margarine
40 g/1½ oz/1½ žlice navadne (univerzalne) moke
300 ml/½ pt/1¼ skodelice tople piščančje juhe
60 ml/4 žlice dvojne (težke) smetane
1 konzerviran rdeči pimiento, narezan na ozke trakove
200 g/7 oz/manjka 1 skodelica konzerviranih narezanih gob, odcejenih
Sol in sveže mlet črni poper
350 g/12 oz/2 skodelici kuhanega piščanca, narezanega na kocke
15 ml/1 žlica srednje suhega sherryja
Sveže pripravljen toast, za postrežbo

Maslo ali margarino dajte v 1,5 l/2½ pt/6 skodelic enolončnico (nizozemska pečica). Odkrito segrevajte pri odmrzovanju 1 minuto. Vmešamo moko, nato postopoma primešamo jušno juho in smetano. Kuhajte nepokrito na polni moči 5–6 minut, dokler ne začne brbotati in se zgosti, vsako minuto mešajte. Vmešajte vse preostale sestavine in dobro premešajte. Pokrijte s krožnikom in ponovno segrevajte na polni moči 3 minute. Pustite stati 3 minute, preden postrežete na toastu.

Turčija à la King

Služi 4

Pripravite kot piščanca po kraljevi (zgoraj), vendar piščanca zamenjajte s kuhanim puranom.

Piščanec po kraljevi s sirom

Služi 4

Pripravite kot piščanca à la King (zgoraj), vendar po 3-minutnem ponovnem segrevanju pokrijte s 125 g/4 oz/1 skodelico naribanega sira Red Leicester. Ponovno segrevajte nepokrito na polni moči še 1–1½ minute, dokler se sir ne stopi.

Piščanec à la King Shortcakes

Služi 4

Pripravite kot za piščanca po kraljevo. Pred serviranjem razrežemo 4 velike navadne ali sirove kifle (piškote) in nadevamo na štiri segrete krožnike. Pokrijte s piščančjo mešanico in pokrijte s pokrovi. Jejte toplo.

Slimmersova omaka iz piščančjih jeter

Služi 4

Glavna jed z nizko vsebnostjo maščob in škroba, ki jo lahko jeste z brokolijem ali cvetačo namesto s krompirjem.

15 ml/1 žlica olivnega ali sončničnega olja
1 rdeča (bolgarska) paprika, brez semen in narezana na tanke rezine
1 velik korenček, narezan na tanke rezine
1 velika čebula, narezana na tanke rezine
2 veliki stebli zelene, diagonalno narezani na tanke rezine
450 g/1 lb piščančjih jeter, narezanih na grižljaje
10 ml/2 žlički koruzne moke (koruznega škroba)
4 veliki paradižniki, blanširani, olupljeni in grobo narezani
Sol in sveže mlet črni poper

Olje dajte v 1,75 l/3 pt/7½ skodelico za enolončnico (nizozemska pečica). Vmešajte pripravljeno zelenjavo in kuhajte nepokrito na polni moči 5 minut, dvakrat premešajte. Jetra vmešajte v zelenjavo in kuhajte nepokrito na polni moči 3 minute ter enkrat premešajte. Vmešamo koruzno moko, paradižnik in začimbe po okusu. Pokrijte s filmom za živila (plastično folijo) in ga dvakrat zarežite, da lahko para uhaja. Kuhajte na polni moči 6 minut in enkrat obrnite.

Slimmersova dušena jetra iz puranjih jeter

Služi 4

Pripravite kot za Slimmers' Chicken Liver Braise, vendar piščančja jetra zamenjajte s puranjimi jetri.

Piščančji Tetrazzini

Služi 4

175 g/6 oz/1½ skodelice kratko rezanih makaronov
300 ml/10 fl oz/1 pločevinka kondenzirane kremne piščančje ali gobove juhe
150 ml/¼ pt/2/3 skodelice mleka
225 g/8 oz narezanih gob
350 g/12 oz/2 skodelici hladno kuhanega piščanca, narezanega na kocke
15 ml/1 žlica limoninega soka
50 g/2 oz/¾ skodelice narezanih mandljev
1,5 ml/¼ žličke mletega muškatnega oreščka
75 g/3 oz/¾ skodelice sira čedar, drobno naribanega

Makarone skuhamo po navodilih na embalaži. Odtok. Juho prelijte v z maslom namazan 1,75 l/3 pt/7½ skodelice. Vmešajte mleko. Odkrito segrevajte na polni moči 5–6 minut, dokler ni vroča in rahlo brbota. Vmešajte makarone in vse preostale sestavine razen sira. Pokrijte s filmom za živila (plastično folijo) in ga dvakrat zarežite, da lahko para uhaja. Kuhajte na polni moči 12 minut, posodo trikrat obrnite. Odkrijte in potresite s sirom. Konvencionalno zapečemo pod vročim žarom (brojler).

Enolončnica s piščancem in mešano zelenjavo

Služi 4

4 veliki kuhani krompirji, narezani na tanke rezine
3 tanko narezane kuhane korenčke
125 g/4 oz/1 skodelica kuhanega graha
125 g/4 oz/1 skodelica kuhane sladke koruze
4 porcije piščanca, po 225 g/8 oz, brez kože
300 ml/10 fl oz/1 pločevinka kondenzirane kremne juhe iz zelene ali drugega okusa po okusu
45 ml/3 žlice srednje suhega šerija
30 ml/2 žlici enojne (lahke) smetane
1,5 ml/¼ žličke naribanega muškatnega oreščka
75 g/3 oz/1¼ skodelice koruznih kosmičev, grobo zdrobljenih

Dno z maslom namazanega globokega krožnika s premerom 25 cm/10 obložimo z rezinami krompirja in korenja. Potresemo z grahom in sladko koruzo ter na vrh položimo piščanca. Pokrijte s filmom za živila (plastično folijo) in ga dvakrat zarežite, da lahko para uhaja. Kuhajte na polni moči 8 minut in posodo štirikrat obrnite. Juho stepemo z vsemi preostalimi sestavinami razen koruznih kosmičev. Z žlico prelijte piščanca. Pokrijte kot prej in kuhajte na Polni 11 minut, posodo dvakrat obrnite. Pustite stati 5 minut. Pred serviranjem odkrijte in potresite s koruznimi kosmiči.

Medeni piščanec na rižu

Služi 4

25 g/1 oz/2 žlici masla ali margarine
1 velika čebula, sesekljana
6 progastih rezin slanine, narezanih
75 g/3 oz/1/3 skodelice enostavno skuhanega dolgozrnatega riža
300 ml/½ pt/1¼ skodelice vroče piščančje juhe
Sveže mleti črni poper
4 piščančje prsi brez kosti, vsaka po 175 g/6 oz
Drobno naribana lupinica in sok 1 pomaranče
30 ml/2 žlici temnega bistrega medu
5 ml/1 žlička paprike
5 ml/1 žlička Worcestershire omake

Maslo ali margarino damo v globoko posodo s premerom 20 cm/8. Segrevajte nepokrito na polni moči 1 minuto. Primešamo čebulo, slanino, riž, osnovo in poper po okusu. Po vrhu razporedimo piščanca v obroču. Zmešajte pomarančno lupinico in sok, med, papriko in Worcestershire omako. Polovico naložimo na piščanca. Pokrijte s filmom za živila (plastično folijo) in ga dvakrat zarežite, da lahko para uhaja. Kuhajte na polni moči 9 minut in posodo trikrat obrnite. Odkriti. Piščanca namažite s preostalo mešanico medu. Kuhajte brez pokrova na polni moči 5 minut. Pred serviranjem pustite stati 3 minute.

Piščanec v beli rumovi omaki z limeto

Služi 4

25 g/1 oz/2 žlici masla ali margarine
10 ml/2 žlički koruznega ali sončničnega olja
1 por, zelo tanko narezan
1 strok česna, zdrobljen
75 g/3 oz/¾ skodelice puste šunke, sesekljane
675 g/1½ lb piščančjih prsi brez kosti, narezanih na koščke
3 paradižnike, blanširane, olupljene in grobo narezane
30 ml/2 žlici belega ruma
5 cm/2 v traku limetine lupine
Sok 1 sladke pomaranče
Sol
150 ml/¼ pt/2/3 skodelice navadnega jogurta
vodna kreša (neobvezno)

Maslo ali margarino in olje dajte v pekač premera 23 cm/9 premera (nizozemska pečica). Segrevajte nepokrito na polni moči 1 minuto. Primešamo por, česen in šunko. Kuhajte brez pokrova na polni moči 4 minute in dvakrat premešajte. Vmešajte piščanca. Pokrijte s krožnikom in kuhajte na Polni 7 minut, posodo dvakrat obrnite. Dodajte vse preostale sestavine razen jogurta in vodne kreše, če jih uporabljate. Pokrijte s filmom za živila (plastično folijo) in ga dvakrat zarežite, da lahko para uhaja. Kuhajte na polni moči 8 minut in posodo štirikrat obrnite. Odkriti. Jogurt zmešajte z nekaj tekočine iz posode, dokler ne postane gladka in kremasta, nato pa prelijte čez piščanca. Ponovno segrevajte, nepokrito, na polni moči 1½ minute. Zavrzite lupino limete. Po želji postrezite okrašeno z vodno krešo.

Piščanec v brandy omaki s pomarančo

Služi 4

Pripravite kot piščanca v omaki z belim rumom z limeto, le da rum zamenjate z žganjem, limeto pa s pomarančno lupinico. Namesto pomarančnega soka uporabite 60 ml/4 žlice ingverjevega piva.

Bedrca v žar omaki z otroškimi testeninami

Služi 4

900 g/2 lb piščančjih krač

2 čebuli, sesekljani

2 stebli zelene, sesekljani

30 ml/2 žlici polnozrnate gorčice

2,5 ml/½ žličke paprike

5 ml/1 žlička Worcestershire omake

400 g/14 oz/1 velika pločevinka narezanih paradižnikov v paradižnikovem soku

125 g/4 oz/1 skodelica poljubnih majhnih testenin

7,5 ml/1½ žličke soli

Bedra razporedite tako kot napere kolesa v globoko posodo s premerom 25 cm/10 s kostnimi konicami proti sredini. Pokrijte s filmom za živila (plastično folijo) in ga dvakrat zarežite, da lahko para uhaja. Kuhajte na polni moči 8 minut, posodo trikrat obrnite. Medtem damo zelenjavo v skledo in vmešamo preostale sestavine. Posodo s piščancem vzamemo iz mikrovalovne pečice, odkrijemo in vlijemo sok od kuhanja piščanca v zelenjavno mešanico. Dobro premešaj. Z žlico prelijemo palčke. Pokrijte kot prej in kuhajte na Polni 15 minut, posodo trikrat obrnite. Pred serviranjem pustite stati 5 minut.

Piščanec v mehiški mole omaki

Služi 4

4 piščančje prsi brez kosti, po 175 g/6 oz, brez kože
30 ml/2 žlici koruznega olja
1 velika čebula, drobno sesekljana
1 zelena (bolgarska) paprika, brez semen in narezana
1 strok česna, zdrobljen
30 ml/2 žlici navadne (univerzalne) moke
3 cele nageljne
1 lovorjev list
2,5 ml/½ žličke mletega cimeta
5 ml/1 žlička soli
150 ml/¼ pt/2/3 skodelice paradižnikovega soka
50 g/2 oz/½ skodelice navadne (polsladke) čokolade, nalomljene na koščke
175 g/6 oz/¾ skodelice dolgozrnatega riža, kuhanega
15 ml/1 žlica česnovega masla

Piščanca razporedite po robu globoke posode s premerom 20 cm/8. Pokrijte s filmom za živila (plastično folijo) in ga dvakrat zarežite, da lahko para uhaja. Kuhajte pri polni moči 6 minut. Pustite stati med pripravo omake. V ločeni posodi segrevajte olje brez pokrova na polni moči 1 minuto. Primešajte čebulo, zeleno papriko in česen. Kuhajte brez pokrova na polni moči 3 minute in dvakrat premešajte. Vmešajte moko, nato nageljnove žbice, lovorjev list, cimet, sol in paradižnikov sok. Kuhajte brez pokrova na polni moči 4 minute in vsako minuto mešajte. Odstranite iz mikrovalovne pečice. Dodamo čokolado in temeljito premešamo. Kuhajte brez pokrova na polni moči 30 sekund. Piščanca odkrijemo in premažemo s pekočo omako. Pokrijte kot prej in kuhajte na polni moči 8 minut. Pustite stati 5 minut. Postrezite z rižem, navitim s česnovim maslom.

Piščančja krila v žar omaki z otroškimi testeninami

Služi 4

Pripravite kot palčke v žar omaki z otroškimi testeninami, le da palčke nadomestite s piščančjimi peruti.

Piščančja Jambalaya

Za 3–4 porcije

Hotfoot iz Louisiane je osupljiva jed z rižem in piščancem, sorodnica paelle.

2 piščančji prsi brez kosti
50 g/2 oz/¼ skodelice masla ali margarine
2 veliki čebuli, sesekljani
1 rdeča (bolgarska) paprika, brez semen in narezana
4 stebla zelene, sesekljana
2 stroka česna, zdrobljena
225 g/8 oz/1 skodelica enostavno skuhanega dolgozrnatega riža
400 g/14 oz/1 velika pločevinka narezanih paradižnikov v paradižnikovem soku
10–15 ml/2–3 žličke soli

Piščanca razporedite po robu globoke posode s premerom 25 cm/10 cm. Pokrijte s filmom za živila (plastično folijo) in ga dvakrat zarežite, da lahko para uhaja. Kuhajte pri polni moči 7 minut. Pustite stati 2 minuti. Piščanca prestavimo na desko in narežemo na kocke. Sok od kuhanja piščanca nalijemo v vrč in rezerviramo. Posodo operemo in osušimo, dodamo maslo in 1½ minute stopimo nepokrito na polni moči. Vmešajte prihranjeno tekočino, piščanca, pripravljeno zelenjavo, česen, riž in paradižnik. Po okusu začinimo s soljo. Pokrijte kot prej in kuhajte pri polni moči 20–25 minut, dokler se riževa zrna ne posušijo in vpijejo vso vlago. Pustite stati 5 minut, prepirajte z vilicami in takoj postrezite.

Turčija Jambalaya

Za 3–4 porcije

Pripravite kot piščančjo džambalajo, le da piščanca nadomestite s puranjimi prsi.

Piščanec s kostanjem

Služi 4

25 g/1 oz/2 žlici masla ali margarine
2 veliki čebuli, olupljeni in naribani
430 g/15 oz/1 velika pločevinka nesladkanega kostanjevega pireja
2,5 ml/½ žličke soli
4 piščančje prsi brez kože in kosti, po 175 g/6 oz
3 paradižnike, blanširane, olupljene in narezane
30 ml/2 žlici sesekljanega peteršilja
Rdeče zelje in kuhan krompir, za serviranje

Maslo ali margarino damo v globoko posodo s premerom 20 cm/8. Stopite, nepokrito, na odmrzovanju 1½ minute. Zmešajte čebulo. Kuhajte brez pokrova na polni moči 4 minute. Po žlicah dodamo kostanjev pire in sol ter gladko premešamo in dobro premešamo s čebulo. V enakomerni plasti razporedite po dnu posode in po vrhu okrog roba posode razporedite piščančje prsi. Po vrhu položite rezine paradižnika in potresite s peteršiljem. Pokrijte s filmom za živila (plastično folijo) in ga dvakrat zarežite, da lahko para uhaja. Kuhajte na polni moči 15 minut, posodo trikrat obrnite. Pustite stati 4 minute. Postrezite z rdečim zeljem in krompirjem.

Piščančji Gumbo

Služi 6

Gumbo je križanec med juho in enolončnico, južnjaško udobje in eden najboljših izvoznih izdelkov Louisiane. Njegova osnova sta bamija (ženski prstki) in rjavi roux, z dodatkom zelenjave, začimb, jušne osnove in piščanca.

50 g/2 oz/¼ skodelice masla

50 g/2 oz/½ skodelice navadne (univerzalne) moke

900 ml/1½ kocke/3¾ skodelice vroče piščančje juhe

350 g/12 oz okra (ženski prstki), z vrhom in z repom

2 veliki čebuli, drobno sesekljani

2 stroka česna, zdrobljena

2 veliki stebli zelene, na tanko narezani

1 zelena (bolgarska) paprika, brez semen in narezana

15–20 ml/3–4 žličke soli

10 ml/2 žlički mletega koriandra (cilantra)

5 ml/1 žlička kurkume

5–10 ml/1–2 žlički mletega pimenta

30 ml/2 žlici limoninega soka

2 lovorjeva lista

5–10 ml/1–2 žlički pekoče paprike

450 g/1 lb/4 skodelice kuhanega piščanca, sesekljanega

175 g/6 oz/¾ skodelice dolgozrnatega riža, kuhanega

Maslo dajte v 2,5 l/4½ pt/11 skodelico enolončnico (nizozemska pečica). Segrevajte nepokrito na polni moči 2 minuti. Vmešamo moko. Odkrito kuhajte na polni moči 7 minut, vsako minuto mešajte, dokler zmes ne postane svetlo rjava, barve dobro pečenega biskvita (piškota). Postopoma primešajte vročo osnovo. Vsako bamijo narežite na osem kosov in dodajte v enolončnico z vsemi preostalimi sestavinami razen piščanca in riža. Pokrijte s filmom za živila (plastično folijo) in ga dvakrat zarežite, da lahko para uhaja. Kuhajte na polni moči 15 minut. Vmešajte piščanca. Pokrijte kot prej in kuhajte pri polni moči 15 minut. Pustite stati 5 minut. Premešamo in damo v jušne sklede. Vsakemu dodamo kup riža.

Turčija Gumbo

Služi 6

Pripravite kot Chicken Gumbo, le da piščanca nadomestite s kuhanim puranom.

Piščančje prsi z rjavo pomarančno podlago

Služi 4

60 ml/4 žlice pomarančne marmelade (konzerviraj) ali drobno narezane marmelade
15 ml/1 žlica sladnega kisa
15 ml/1 žlica sojine omake
1 strok česna, zdrobljen
2,5 ml/½ žličke mletega ingverja
7,5 ml/1½ žličke koruzne moke (koruznega škroba)
4 piščančje prsi brez kosti, po 200 g/7 oz, brez kože
Kitajski rezanci, kuhani

Zmešajte vse sestavine razen piščanca in rezancev v majhni posodi. Segrevajte nepokrito na polni moči 50 sekund. Piščančje prsi razporedite po robu globoke posode s premerom 20 cm/8. Z žlico prelijemo polovico testa. Pokrijemo s krožnikom in kuhamo na polni moči 8 minut, posodo dvakrat obrnemo. Prsi obrnite in premažite s preostalo pasto. Pokrijte kot prej in kuhajte na polni nadaljnjih 8 minut. Pustite stati 4 minute, nato postrezite s kitajskimi rezanci.

Piščanec v smetanovi poprovi omaki

Služi 6

25 g/1 oz/2 žlici masla ali margarine
1 majhna čebula, drobno sesekljana
4 piščančje prsi brez kosti
15 ml/1 žlica koruzne moke (koruznega škroba)
30 ml/2 žlici hladne vode
15 ml/1 žlica paradižnikove mezge (pasta)
20–30 ml/4–6 žličk ustekleničenega ali konzerviranega madagaskarskega zelenega popra
150 ml/¼ pt/2/3 skodelice kisle (mlečne kisle) smetane
5 ml/1 žlička soli
275 g/10 oz/1¼ skodelice dolgozrnatega riža, kuhanega

Maslo ali margarino damo v globoko posodo s premerom 20 cm/8. Talite, nepokrito, na polni moči 45–60 sekund. Dodajte čebulo. Kuhajte brez pokrova na polni moči 2 minuti. Piščančje prsi prečno narežite na 2,5 cm/1 široke trakove. Dobro premešajte v maslo in čebulo. Pokrijte s filmom za živila (plastično folijo) in ga dvakrat zarežite, da lahko para uhaja. Kuhajte na polni moči 6 minut, posodo trikrat obrnite. Medtem gladko zmešamo koruzno moko s hladno vodo. Vmešajte vse preostale sestavine razen riža. Zmešajte s piščancem in čebulo, mešanico premaknite na robove posode in pustite majhno vdolbino v sredini. Pokrijte kot prej in kuhajte na polni moči 8 minut, posodo štirikrat obrnite. Pustite stati 4 minute. Pred serviranjem z rižem premešajte.

Puran v smetanovi poprovi omaki

Služi 6

Pripravite kot piščanca v smetanovi poprovi omaki, vendar piščanca nadomestite s puranjim prsi.

Gozdni piščanec

Služi 4

4 piščančje četrtine s kožo, po 225 g/8 oz
30 ml/2 žlici koruznega ali sončničnega olja
175 g/6 oz narezanih krhljev slanine (rezine).
1 čebula, sesekljana
175 g/6 oz narezanih gob
300 ml/½ pt/1¼ skodelice presejanih paradižnikov (passata)
15 ml/1 žlica rjavega kisa
15 ml/1 žlica limoninega soka
30 ml/2 žlici lahkega mehkega rjavega sladkorja
5 ml/1 žlička pripravljene gorčice
30 ml/2 žlici Worcestershire omake
Sesekljani listi koriandra (cilantra) za okras

Piščanca razporedite po robu pekača s premerom 25 cm/10 cm (nizozemska pečica). Pokrijte s filmom za živila (plastično folijo) in ga dvakrat zarežite, da lahko para uhaja. Olje nalijte v ločeno posodo in ga nepokrito segrevajte na polni moči 1 minuto. Dodamo slanino, čebulo in gobe. Kuhajte brez pokrova na polni moči 5 minut. Zmešajte vse preostale sestavine. Pokritega piščanca kuhajte na polni moči 9 minut, posodo dvakrat obrnite. Odkrijemo in obložimo z zelenjavno mešanico. Pokrijte kot prej in kuhajte na Polni 10 minut, posodo trikrat obrnite. Pustite stati 5 minut. Pred serviranjem potresemo s koriandrom.

Piščanec z jabolki in rozinami

Služi 4

25 g/1 oz/2 žlici masla ali margarine
900 g/2 lb piščančjih kosov
2 čebuli, sesekljani
3 Coxova jabolka, olupljena in narezana
30 ml/2 žlici rozin
1 strok česna, sesekljan
30 ml/2 žlici navadne (univerzalne) moke
250 ml/8 fl oz/1 skodelica shandy
2 goveji jušni kocki
2,5 ml/½ žličke posušenega timijana
Sol in sveže mlet črni poper
30 ml/2 žlici sesekljanega peteršilja

Maslo ali margarino dajte v pekač s premerom 25 cm/10 v (nizozemska pečica). Stopite, odkrito, na odmrzovanju 1–1½ minute. Dodajte piščanca. Pokrijte s filmom za živila (plastično folijo) in ga dvakrat zarežite, da lahko para uhaja. Kuhajte na polni moči 8 minut. Odkrijte in obrnite piščanca. Pokrijte kot prej in kuhajte na polni nadaljnjih 7 minut. Odkrijte in potresite s čebulo, jabolki, rozinami in česnom. Moko gladko zmešajte z nekaj shandyja, nato pa vmešajte še preostali shandy. Nadrobite v kocke za omako, dodajte timijan in začinite po okusu. Prelijemo čez piščanca. Pokrijte kot prej in kuhajte na polni moči 8 minut, dokler tekočina ne začne mehurčiti in se rahlo zgosti. Pustite stati 5 minut. Odkrijemo in potresemo s peteršiljem.

Piščanec s hruškami in rozinami

Služi 4

Pripravite ga kot piščanca z jabolki in rozinami, vendar jabolka nadomestite s hruškami, shandy pa z jabolčnikom.

Grenivkin piščanec

Služi 4

2 stebli zelene
30 ml/2 žlici masla ali margarine
1 velika čebula, drobno naribana
4 veliki piščančji komadi, skupaj 1 kg/2¼ lb, brez kože
Navadna (univerzalna) moka
1 velika roza grenivka
150 ml/¼ pt/2/3 skodelice belega ali rosé vina
30 ml/2 žlici paradižnikove mezge (pasta)
1,5 ml/¼ žličke posušenega rožmarina
5 ml/1 žlička soli

Zeleno narežemo čez zrno na ozke trakove. V globoko posodo s premerom 25 cm/10 damo maslo ali margarino. Talite, nepokrito, na polni moči 30 sekund. Zmešajte čebulo in zeleno. Kuhajte brez pokrova na polni moči 6 minut. Piščanca rahlo potresemo z moko, nato pa ga razporedimo po robu pekača. Pokrijte s filmom za živila (plastično folijo) in ga dvakrat zarežite, da lahko para uhaja. Kuhajte na polni moči 10 minut in posodo trikrat obrnite. Medtem olupite grenivko in jo ločite na koščke tako, da zarežete med membranami. Odkrijte piščanca in po njem raztresite koščke grenivke. Vino stepemo s paradižnikovo mezgo, rožmarinom in soljo ter prelijemo piščanca. Pokrijte kot prej in kuhajte pri polni moči 10 minut. Pred serviranjem pustite stati 5 minut.

Madžarski piščanec in mešana zelenjava

Služi 4

25 g/1 oz/2 žlici masla ali masti
2 veliki čebuli, sesekljani
1 majhna zelena (bolgarska) paprika
3 majhne bučke (bučke), narezane na tanke rezine
450 g/1 lb piščančjih prsi brez kosti, narezanih na kocke
15 ml/1 žlica paprike
45 ml/3 žlice paradižnikove mezge (pasta)
150 ml/¼ pt/2/3 skodelice kisle (mlečne kisle) smetane
5–7,5 ml/1–1½ žličke soli

Maslo ali mast dajte v pekač s premerom 25 cm/10 (nizozemska pečica). Odkrito segrevajte pri odmrzovanju 1–1½ minute. Primešamo čebulo. Kuhajte brez pokrova na polni moči 3 minute. Zmešajte zeleno papriko, bučke, piščanca, papriko in paradižnikovo mezgo. Pokrijte s filmom za živila (plastično folijo) in ga dvakrat zarežite, da lahko para uhaja. Kuhajte na polni moči 5 minut, posodo trikrat obrnite. Odkriti. Postopoma vmešajte kislo smetano in sol. Pokrijte kot prej in kuhajte na polni moči 8 minut. Pustite stati 5 minut, nato premešajte in postrezite.

Piščanec Bourguignonne

Služi 6

Gurmanska glavna jed, bolj tradicionalno pripravljena z govedino, a lažja s piščancem.

25 g/1 oz/2 žlici masla ali margarine
2 čebuli, sesekljani
1 strok česna, zdrobljen
750 g/1½ lb piščančjih prsi, narezanih na kocke
30 ml/2 žlici koruzne moke (koruznega škroba)
5 ml/1 čajna žlička kontinentalne gorčice
2,5 ml/½ žličke posušene mešanice zelišč
300 ml/½ pt/1¼ skodelice bordo vina
225 g gob, narezanih na tanke rezine
5–7,5 ml/1–1½ žličke soli
45 ml/3 žlice sesekljanega peteršilja

Maslo ali margarino dajte v pekač s premerom 25 cm/10 v (nizozemska pečica). Stopite, nepokrito, na odmrzovanju 1½ minute. Zmešajte čebulo in česen. Pokrijte s krožnikom in kuhajte na polni moči 3 minute. Odkrijte in vmešajte piščanca. Pokrijte s filmom za živila (plastično folijo) in ga dvakrat zarežite, da lahko para uhaja. Kuhajte na polni moči 8 minut. Koruzno moko in gorčico gladko zmešajte z nekaj bordo, nato pa vmešajte preostanek. Prelijemo čez piščanca. Potresemo z gobami in solimo. Pokrijte kot prej in kuhajte na polni moči 8–9 minut, posodo štirikrat obrnite, dokler se omaka ne zgosti in začne brbotati. Pustite stati 5 minut, nato premešajte in pred serviranjem potresite s peteršiljem.

Piščančji frikase

Služi 6

Oživitev glavne jedi s piščancem za posebne priložnosti iz dvajsetih in tridesetih let, ki se vedno uživa z belim rižem, napihnjenim z maslom, in slaninimi zvitki na žaru. Potrebuje veliko mikrovalovno pečico.

1,5 kg/3 lb piščančjih sklepov, brez kože

1 čebula, narezana na 8 rezin

2 veliki stebli zelene, na debelo narezani

1 majhen korenček, narezan na tanke rezine

2 debeli rezini limone

1 majhen lovorjev list

2 cela stroka

Vejice peteršilja

10 ml/2 žlički soli

300 ml/½ pt/1¼ skodelice vroče vode

150 ml/¼ pt/2/3 skodelice enojne (lahke) smetane

40 g/1½ oz/3 žlice masla ali margarine

40 g/1½ oz/1½ žlice navadne (univerzalne) moke

Sok 1 majhne limone

Sol in sveže mlet črni poper

Piščanca razporedite v pekač s premerom 30 cm/12 v (nizozemska pečica). Dodajte čebulo, zeleno in korenček v jed z rezinami limone, lovorovim listom, nageljnovimi žbicami in 1 vejico peteršilja. Potresemo s soljo in dodamo vodo. Pokrijte s filmom za živila (plastično folijo) in ga dvakrat zarežite, da lahko para uhaja. Kuhajte na polni moči 24 minut in posodo trikrat obrnite. Dvignite piščanca. Meso odstranimo s kosti in ga narežemo na grižljaj velike kose. Precedite tekočino iz posode in rezervirajte 300 ml/½ pt/1¼ skodelice. Vmešamo v smetano. Maslo dajte v veliko plitvo posodo. Talite, nepokrito, na polni moči 1½ minute. Vmešajte moko, nato postopoma vmešajte še toplo mešanico smetane. Kuhajte nepokrito na polni moči 5–6 minut, vsako minuto mešajte, dokler se ne zgosti in začne brbotati. Dodajte limonin sok, vmešajte piščanca in začinite po okusu. Pokrijte kot prej in ponovno segrevajte na Polno 5 minut, posodo dvakrat obrnite. Pustite stati 4 minute, preden jo okrasite z vejicami peteršilja in postrežete.

Piščančji frikase z vinom

Služi 6

Pripravite kot piščančji frikase, vendar uporabite samo 150 ml/¼ pt/2/3 skodelice rezervirane juhe in dodajte 150 ml/¼ pt/2/3 skodelice suhega belega vina.

Chicken Supreme

Služi 6

Pripravite kot piščančji frikase. Po ponovnem segrevanju 5 minut na koncu in nato stati stepite 2 rumenjaka, pomešana z dodatnimi 15 ml/1 žlica smetane. Toplota zmesi bo skuhala rumenjake.

Coq au Vin

Služi 6

50 g/2 oz/¼ skodelice masla ali margarine
1,5 kg/3 lb piščančjih sklepov, brez kože
1 velika čebula, drobno sesekljana
1 strok česna, zdrobljen
30 ml/2 žlici navadne (univerzalne) moke
300 ml/½ pt/1¼ skodelice suhega rdečega vina
1 goveja jušna kocka
5 ml/1 žlička soli
12 šalotke ali vložene čebule
60 ml/4 žlice sesekljanega peteršilja
1,5 ml/¼ žličke posušenega timijana
Kuhan krompir in brstični ohrovt, za serviranje

Maslo ali margarino dajte v pekač s premerom 30 cm/12 v (nizozemska pečica). Segrevajte nepokrito na polni moči 1 minuto. Dodajte kose piščanca in jih enkrat obrnite, da so vsi kosi premazani z maslom, vendar naj bodo v eni plasti. Pokrijte s filmom za živila (plastično folijo) in ga dvakrat zarežite, da lahko para uhaja. Kuhajte na polni moči 15 minut, posodo trikrat obrnite. Odkrijte in potresite piščanca s čebulo in česnom. Moko postopoma gladko primešamo vinu, po potrebi stepamo, da odstranimo grudice. Nadrobite jušno juho in dodajte sol. Piščanca prelijemo z mešanico vina. Obdajte s šalotko ali čebulo ter potresite s peteršiljem in timijanom. Pokrijte kot prej in kuhajte na polni moči 20 minut, posodo trikrat obrnite. Pustite stati 6 minut. Jejte s kuhanim krompirjem in brstičnim ohrovtom.

Coq au Vin z gobami

Služi 6

Pripravite kot Coq au Vin, vendar šalotko ali vloženo čebulo zamenjajte s 125 g gob.

Coq au Cola

Služi 6

Pripravite kot Coq au Vin, le da vino nadomestite s kolo, da bo jed primernejša za otroke.

Bobnarske palčke z devilled premazom

Služi 4

15 ml/1 žlica angleške gorčice v prahu
10 ml/2 žlički vročega karija
10 ml/2 žlički paprike
1,5 ml/¼ žličke pekočega kajenskega popra
2,5 ml/½ žličke soli
1 kg/2¼ lb piščančjih krač (približno 12)
45 ml/3 žlice česnovega masla

Zmešajte gorčico, curry v prahu, papriko, kajensko papriko in sol. Z njim premažemo vse strani palčk. Razporedite v globoko posodo s premerom 25 cm/10 kot napere kolesa, s kostnimi konci proti sredini. Stopite maslo, nepokrito, na polni moči 1 minuto. Bedra premažemo s stopljenim maslom. Pokrijte s filmom za živila (plastično folijo) in ga dvakrat zarežite, da lahko para uhaja. Kuhajte na polni moči 16 minut, posodo dvakrat obrnite.

Piščanec Cacciatore

Služi 6

Italijanska jed, ki v prevodu pomeni 'lovski piščanec'.

1,5 kg/3 lb kosov piščanca
15 ml/1 žlica oljčnega olja
1 velika čebula, drobno sesekljana
1 strok česna, zdrobljen
30 ml/2 žlici navadne (univerzalne) moke
5 paradižnikov, blanširanih, olupljenih in narezanih
150 ml/¼ pt/2/3 skodelice vroče osnove
45 ml/3 žlice paradižnikove mezge (pasta)
15 ml/1 žlica rjave jedilne omake
125 g/4 oz narezanih gob
10 ml/2 žlički soli
10 ml/2 žlički temno mehkega rjavega sladkorja
45 ml/3 žlice marsale ali srednje suhega šerija
Kremni krompir in mešana solata za serviranje

Piščanca položite v pekač s premerom 30 cm/12 v (nizozemska pečica). Pokrijte s filmom za živila (plastično folijo) in ga dvakrat zarežite, da lahko para uhaja. Kuhajte na polni moči 15 minut, posodo dvakrat obrnite. Medtem pripravite omako na konvencionalni način. V ponev vlijemo olje in dodamo čebulo in česen. Rahlo pražimo (dušimo) do svetlo zlate barve. Vmešamo moko, nato dodamo paradižnik, osnovo, pire in rjavo omako. Med mešanjem kuhamo, dokler omaka ne zavre in se zgosti. Vmešajte vse preostale sestavine in prelijte piščanca. Pokrijte kot prej in kuhajte na polni moči 20 minut, posodo trikrat obrnite. Pustite stati 5 minut. Postrezite s krompirjevo smetano in mešano solato.

Piščančji lovilec

Služi 6

Pripravite kot piščančje cacciatore, vendar marsalo ali šeri nadomestite s suhim belim vinom.

Piščanec Marengo

Služi 6

Približno leta 1800 ga je izumil osebni kuhar Napoleona Bonaparteja na bojiščih po avstrijskem porazu v bitki pri Marengu blizu Verone v severni Italiji.

Pripravite kot piščančji cacciatore, vendar uporabite samo 50 g/2 oz gob in marsalo ali šeri nadomestite s suhim belim vinom. Ko vmešate vse preostale sestavine, dodajte 12–16 majhnih črnih oliv brez koščic in 60 ml/4 žlice sesekljanega peteršilja.

Piščanec s sezamom

Služi 4

50 g/2 oz/¼ skodelice masla ali margarine, zmehčane
15 ml/1 žlica blage gorčice
5 ml/1 žlička česnove kaše (pasta)
5 ml/1 čajna žlička paradižnikove mezge (pasta)
90 ml/6 žlic sezamovih semen, rahlo opečenih
4 porcije piščanca, vsaka po 225 g/8 oz, brez kože

Maslo ali margarino stepemo z gorčico ter česnovo in paradižnikovo mezgo. Vmešajte sezamovo seme. Zmes enakomerno porazdelite po piščancu. Razporedite v globok krožnik s premerom 25 cm/10 cm, v sredini pa pustite vdolbino. Kuhajte na polni moči 16 minut in posodo štirikrat obrnite. Pred serviranjem pustite stati 5 minut.

Deželni kapitan

Služi 6

Vzhodnoindijski blagi piščančji curry, ki ga je v južne države Severne Amerike davno prinesel pomorski kapitan, ki je veliko potoval. V ZDA je postal nekakšen orientalski standby.

50 g/2 oz/¼ skodelice masla ali margarine
2 čebuli, sesekljani
1 steblo zelene, sesekljano
1,5 kg/3 lb piščančjih sklepov, brez kože
15 ml/1 žlica navadne (univerzalne) moke
15 ml/1 žlica blagega curryja
60 ml/4 žlice mandljev, blanširanih, olupljenih, razpolovljenih in rahlo popečenih
1 majhna zelena (bolgarska) paprika, brez semen in drobno sesekljana
45 ml/3 žlice sultanij (zlate rozine)
10 ml/2 žlički soli
400 g/14 oz/1 velika pločevinka narezanih paradižnikov
5 ml/1 žlička sladkorja
275 g/10 oz/1¼ skodelice dolgozrnatega riža, kuhanega

Maslo ali margarino dajte v pekač s premerom 30 cm/12 v (nizozemska pečica). Odkrito segrevajte na polni moči 1½ minute. Dodajte čebulo in zeleno ter dobro premešajte. Kuhajte brez pokrova na polni moči 3 minute in dvakrat premešajte. Dodajte piščančje zrezke in vmešajte mešanico masla in zelenjave, dokler niso dobro prekrite. Potresemo z moko, karijem, mandlji, poprom in sultankami. Pokrijte s filmom za živila (plastično folijo) in ga dvakrat zarežite, da lahko para uhaja. Kuhajte na polni moči 8 minut. Sol zmešajte s paradižnikom in sladkorjem. Odkrijte piščanca in nanj položite paradižnik. Pokrijte kot prej in kuhajte na polni moči 21 minut, posodo dvakrat obrnite. Pustite stati 5 minut, preden postrežete z rižem.

Piščanec v paradižnikovi in kaper omaki

Služi 6

6 piščančjih kosov, vsak po 225 g/8 oz, brez kože
Navadna (univerzalna) moka
50 g/2 oz/¼ skodelice masla ali margarine
3 rezine (rezine) slanine, sesekljane
2 veliki čebuli, sesekljani
2 stroka česna, zdrobljena
15 ml/1 žlica sesekljanih kaper
400 g/14 oz/1 velika pločevinka narezanih paradižnikov
15 ml/1 žlica temnega mehkega rjavega sladkorja
5 ml/1 žlička posušene mešanice zelišč
15 ml/1 žlica paradižnikove mezge (pasta)
15 ml/1 žlica sesekljanih listov bazilike
15 ml/1 žlica sesekljanega peteršilja

Piščančje zrezke potresemo z moko. Maslo ali margarino dajte v pekač s premerom 30 cm/12 v (nizozemska pečica). Segrevajte nepokrito na polni moči 2 minuti. Primešamo slanino, čebulo, nageljnove žbice in kapre. Kuhajte brez pokrova na polni moči 4 minute in dvakrat premešajte. Dodajte piščanca in premešajte, dokler ni dobro prekrito z mešanico masla ali margarine. Pokrijte s filmom za živila (plastično folijo) in ga dvakrat zarežite, da lahko para uhaja. Kuhajte na polni moči 12 minut, posodo trikrat obrnite. Odkrijte in dodajte preostale sestavine ter dobro premešajte. Pokrijte kot prej in kuhajte pri polni moči 18 minut. Pred serviranjem pustite stati 6 minut.

Piščančje paprike

Služi 4

Izgovorjen paprikaš, je ta piščančja fantazija sorodnik gulaša ali golaža, ene najbolj znanih madžarskih jedi.

1,5 kg/3 lb kosov piščanca
1 velika čebula, sesekljana
1 zelena (bolgarska) paprika, brez semen in narezana
1 strok česna, zdrobljen
30 ml/2 žlici koruznega olja ali stopljene masti
45 ml/3 žlice navadne (univerzalne) moke
15 ml/1 žlica paprike
300 ml/½ pt/1¼ skodelice tople piščančje juhe
30 ml/2 žlici paradižnikove mezge (pasta)
5 ml/1 čajna žlička temnega mehkega rjavega sladkorja
2,5 ml/½ žličke kuminih semen
5 ml/1 žlička soli
150 ml/5 fl oz/2/3 skodelice crème fraîche
Majhne oblike testenin, kuhane

Kose piščanca položite v pekač s premerom 30 cm/12 v (nizozemska pečica). Pokrijte s filmom za živila (plastično folijo) in ga dvakrat zarežite, da lahko para uhaja. Kuhajte na polni moči 15 minut, posodo dvakrat obrnite. Medtem pripravite omako na konvencionalni način. Čebulo, poper, česen in olje damo v ponev (ponvo) in rahlo pražimo (dušimo), dokler se zelenjava ne zmehča, vendar ne porjavi. Vmešajte moko in papriko, nato postopoma primešajte juho. Zavremo in mešamo. Vmešajte preostale sestavine razen crème fraîche in testenin. Piščanca odkrijte in premažite z omako, pri tem pa vmešajte del soka, ki je že v jedi. Po vrhu z žlicami crème fraîche. Pokrijte kot prej in kuhajte na polni moči 20 minut, posodo trikrat obrnite. Postrezite z majhnimi testeninami.

Odtenki vzhodnega piščanca

Služi za 6–8

Indijski in indonezijski vplivi in okusi se združujejo v tem izjemno velikem receptu za piščanca.

15 ml/1 žlica arašidovega (arašidovega) olja
3 srednje velike čebule, sesekljane
2 stroka česna, zdrobljena
900 g/2 lb piščančjih prsi brez kosti, olupljenih in narezanih na ozke trakove
15 ml/1 žlica koruzne moke (koruznega škroba)
60 ml/4 žlice hrustljavega arašidovega masla
150 ml/¼ pt/2/3 skodelice vode
7,5 ml/1½ žličke soli
10 ml/2 žlički blage curry paste
2,5 ml/½ žličke mletega koriandra (cilantra)
2,5 ml/½ žličke mletega ingverja
Semena iz 5 strokov kardamoma
60 ml/4 žlice slanih arašidov, grobo sesekljanih
2 paradižnika, narezana na kolesca

Segrevajte olje v enolončni posodi s premerom 25 cm/10 (nizozemska pečica), nepokrito, na polni moči 1 minuto. Dodajte čebulo in česen ter kuhajte nepokrito na polni moči 3 minute in dvakrat premešajte.

Vmešajte piščanca in kuhajte nepokrito na polni moči 3 minute, vsako minuto premešajte z vilicami, da se loči. Potresemo koruzno moko.

Vmešajte vse preostale sestavine razen arašidov in paradižnika.

Pokrijte s filmom za živila (plastično folijo) in ga dvakrat zarežite, da lahko para uhaja. Kuhajte na polni moči 19 minut in posodo štirikrat obrnite. Pustite stati 5 minut. Pred serviranjem premešajte in okrasite z arašidi in rezinami paradižnika.

Nasi Goreng

Služi 6

Nizozemsko-indonezijska specialiteta.

175 g/6 oz/¾ skodelice enostavno skuhanega dolgozrnatega riža
50 g/2 oz/¼ skodelice masla ali margarine
2 čebuli, sesekljani
2 pora, samo beli del, zelo tanko narezana
1 zelen čili, brez semen in narezan (neobvezno)
350 g/12 oz/3 skodelice hladno kuhanega piščanca, grobo narezanega
30 ml/2 žlici sojine omake
1 klasična omleta, narezana na trakove
1 velik paradižnik, narezan na kolesca

Skuhajte riž, kot je navedeno na embalaži. Pustite, da se ohladi. Maslo ali margarino dajte v pekač s premerom 25 cm/10 v (nizozemska pečica). Segrevajte nepokrito na polni moči 1 minuto. Vmešajte čebulo, por in čili, če ga uporabljate. Kuhajte brez pokrova na polni moči 4 minute. Primešajte riž, piščanca in sojino omako. Pokrijte s krožnikom in kuhajte na polni moči 6–7 minut, trikrat premešajte, dokler ni vroče. Okrasite s križnim vzorcem trakov omlete in rezinami paradižnika.

Pečen puran

SLUŽBE 6

1 puran, velikost po potrebi (dovolite 350 g/12 oz) nekuhane teže na osebo)
Baste

Konice kril in konce nog pokrijte s folijo. Postavite purana s prsmi navzdol v posodo, ki je dovolj velika, da lahko ptico udobno držite. Naj vas ne skrbi, če se telo dvigne nad rob. Pokrijte s filmom za živila (plastično folijo) in 4-krat preluknjajte. Pecite na polni moči 4 minute na 450 g/1 lb. Vzemite iz pečice in ptiča previdno obrnite, tako da bodo prsi sedaj najbolj na vrhu. Debelo namažite s čopičem, pri čemer uporabite tistega na osnovi maščobe, če je ptica navadna, in tistega brez maščobe, če se puran namaže sam. Pokrijte kot prej in kuhajte pri polni moči še 4 minute na 450 g/1 lb. Prenesite v posodo za rezkanje in pokrijte s folijo. Pustite stati 15 minut, nato izrežite.

Španska Turčija

Služi 4

30 ml/2 žlici oljčnega olja
4 kosi puranjih prsi brez kosti, vsak po 175 g/6 oz
1 čebula, sesekljana
12 polnjenih oliv, narezanih
2 trdo kuhani (trdo kuhani) jajci (strani 98–9), oluščeni in narezani
30 ml/2 žlici sesekljanih kumaric (cornichons)
2 paradižnika, narezana na tanke rezine

V globoki posodi s premerom 20 cm/8 premera, nepokrito, segrevajte olje 1 minuto. Dodajte purana in ga dobro premešajte z oljem, da dobro prekrijete obe strani. Čebulo, olive, jajca in kumarice zmešajte in enakomerno prelijte na purana. Okrasite z rezinami paradižnika. Pokrijte s filmom za živila (plastično folijo) in ga dvakrat zarežite, da lahko para uhaja. Kuhajte na polni moči 15 minut in posodo petkrat obrnite. Pred serviranjem pustite stati 5 minut.

Turanji takosi

Služi 4

Za tacose:
450 g/1 lb/4 skodelice mletega purana
1 majhna čebula, sesekljana
2 stroka česna, zdrobljena
5 ml/1 čajna žlička kuminih semen, po želji zmleta
2,5–5 ml/½–1 žličke čilija v prahu
30 ml/2 žlici sesekljanih listov koriandra (cilantra).
5 ml/1 žlička soli
60 ml / 4 žlice vode
4 velike kupljene tortilje
Narezana solata

Za okras iz avokada:
1 velik zrel avokado
15–20 ml/3–4 žličke vroče salse
Sok 1 limete
Sol
60 ml/4 žlice kisle (mlečne kisle) smetane

Za pripravo takosov s puranom obložite dno krožnika s premerom 20 cm/8. Pokrijte s krožnikom in kuhajte na polni moči 6 minut. Z vilicami razdrobite zrna mesa. Vmešajte vse preostale sestavine razen tortilj in zelene solate. Pokrijte s filmom za živila (plastično folijo) in ga dvakrat zarežite, da lahko para uhaja. Kuhajte na polni moči 8 minut in posodo štirikrat obrnite. Pustite stati 4 minute. Temeljito premešajte. Na tortilje nanesite enake količine puranje mešanice, dodajte nekaj zelene solate in zvijte. Preložimo v posodo in pustimo na toplem.

Za pripravo avokadovega preliva avokado prepolovite, izdolbite meso in ga drobno pretlačite. Vmešajte salso, limetin sok in sol. Takose preložite na štiri segrete krožnike, vsakega prelijte z mešanico avokada in 15 ml/1 žlico kisle smetane. Jejte takoj.

Takosi s palačinkami

Služi 4

Pripravite kot puranje takose, le da kupljene tortilje nadomestite s štirimi velikimi domačimi palačinkami.

Turčija štruca

Služi 4

450 g/1 lb surovega mletega (mletega) purana
1 strok česna, zdrobljen
30 ml/2 žlici navadne (univerzalne) moke
2 veliki jajci, pretepeni
10 ml/2 žlički soli
10 ml/2 žlički posušenega timijana
5 ml/1 žlička Worcestershire omake
20 ml/4 žličke mletega muškatnega oreščka
Krompir v jakni
Kuhana cvetača
Sirova omaka

Zmešajte purana, česen, moko, jajca, sol, timijan, Worcestershire omako in muškatni oreščck. Z vlažnimi rokami oblikujte štruco velikosti 15 cm. Prestavimo v globok krožnik, pokrijemo s filmom za živila (plastično folijo) in dvakrat zarežemo, da lahko para uhaja. Kuhajte na polni moči 9 minut. Pustite stati 5 minut. Razrežite na štiri porcije in postrezite s krompirjem v lupini in cvetačo, prelito s sirovo omako in popečeno na klasičen način pod žarom (broiler).

Anglo-madraški puranski kari

Služi 4

Uporaben recept za uporabo ostankov božičnega purana.

30 ml/2 žlici koruznega ali sončničnega olja
1 velika čebula, zelo tanko narezana
1 strok česna, zdrobljen
30 ml/2 žlici rozin
30 ml/2 žlici posušenega (nastrganega) kokosa
25 ml/1½ žlice navadne (univerzalne) moke
20 ml/4 žličke vročega karija
300 ml/½ pt/1¼ skodelice vrele vode
30 ml/2 žlici enojne (lahke) smetane
2,5 ml/½ žličke soli
Sok ½ limone
350 g/12 oz/3 skodelice hladno kuhanega purana, narezanega na kocke
Indijski kruh, mešana solata in čatni, za postrežbo

Olje dajte v 1,5 l/2½ pt/6 skodelico s čebulo, česnom, rozinami in kokosom. Dobro premešaj. Kuhajte brez pokrova na polni moči 3 minute. Zmešajte moko, kari, vodo, smetano, sol, limonin sok in purana. Pokrijte s krožnikom in kuhajte na polni moči 6–7 minut, dvakrat premešajte, dokler se curry ne zgosti in začne brbotati. Pustite stati 3 minute. Premešamo in postrežemo z indijskim kruhom, solato in čatnijem.

Puranji curry s sadjem

Služi 4

30 ml/2 žlici masla ali margarine
10 ml/2 žlički oljčnega olja
2 čebuli, sesekljani
15 ml/1 žlica blagega curryja
30 ml/2 žlici navadne (univerzalne) moke
150 ml/¼ pt/2/3 skodelice enojne (lahke) smetane
90 ml/6 žlic navadnega jogurta na grški način
1 strok česna, zdrobljen
30 ml/2 žlici paradižnikove mezge (pasta)
5 ml/1 čajna žlička garam masale
5 ml/1 žlička soli
Sok 1 majhne limete
4 jedilna (desertna) jabolka, olupljena, razrezana, na četrtine in na tanke rezine narezana
30 ml/2 žlici poljubnega sadnega čatnija
450 g/1 lb/4 skodelice hladno kuhanega purana, narezanega na kocke

Maslo ali margarino in olje dajte v pekač premera 25 cm/10 premera (pekač). Odkrito segrevajte na polni moči 1½ minute. Zmešajte čebulo. Kuhajte brez pokrova na polni moči 3 minute in dvakrat premešajte. Primešamo kari, moko, smetano in jogurt. Kuhajte brez pokrova na polni moči 2 minuti. Dodajte vse preostale sestavine.

Pokrijte s krožnikom in kuhajte na polni moči 12–14 minut, mešajte vsakih 5 minut, dokler ni vroče.

Puranjeva pita iz kruha in masla

Služi 4

75 g/3 oz/3/8 skodelice masla ali margarine

60 ml/4 žlice naribanega parmezana

2,5 ml/½ žličke posušenega timijana

1,5 ml/¼ žličke posušenega žajblja

5 ml/1 žlička naribane limonine lupinice

4 velike rezine belega ali črnega kruha

1 čebula, sesekljana

50 g/2 oz narezanih gob

45 ml/3 žlice navadne (univerzalne) moke

300 ml/½ pt/1¼ skodelice tople piščančje juhe

15 ml/1 žlica limoninega soka

45 ml/3 žlice enojne (lahke) smetane

225 g/8 oz/2 skodelici hladno kuhanega piščanca, narezanega na kocke

Sol in sveže mlet črni poper

Polovico masla ali margarine namažite s sirom, timijanom, žajbljem in limonino lupinico. Namažite po kruhu, nato pa vsako rezino narežite na štiri trikotnike. Preostalo maslo ali margarino damo v globoko posodo premera 20 cm/8. Odkrito segrevajte na polni moči 1½ minute. Dodamo čebulo in gobe. Kuhajte brez pokrova na polni moči 3 minute in dvakrat premešajte. Primešamo moko, nato postopoma vmešamo jušno osnovo, limonin sok in smetano. Vmešajte piščanca in začinite po okusu. Pokrijte s krožnikom in segrevajte pri polni moči 8 minut, trikrat premešajte, dokler ni vroče. Odstranite iz mikrovalovne pečice. Na vrh položite z maslom namazane kruhove trikotnike in jih zapecite pod vročim žarom (brojler).

Puran in riževa enolončnica z nadevom

Služi za 4–5

225 g/8 oz/1 skodelica enostavno skuhanega dolgozrnatega riža
300 ml/10 fl oz/1 pločevinka kondenzirane kremne gobove juhe
300 ml/½ pt/1¼ skodelice vrele vode
225 g/8 oz/2 skodelici sladke koruze (koruze)
50 g/2 oz/½ skodelice sesekljanih nesoljenih oreščkov
175 g/6 oz/1½ skodelice kuhanega purana, narezanega na kocke
50 g/2 oz hladnega nadeva, narezanega na kocke
Zeljna solata, za postrežbo

Vse sestavine razen nadeva dajte v posodo s prostornino 1,75 l/3 pt/7½ skodelice. Temeljito premešajte. Pokrijte s filmom za živila (plastično folijo) in ga dvakrat zarežite, da lahko para uhaja. Kuhajte na polni moči 25 minut. Odkrijemo in z vilicami premešamo, da se riž razrahlja. Prelijte s hladnim nadevom. Pokrijte s krožnikom in kuhajte na polni 2 minuti. Pustite stati 4 minute. Ponovno prepražimo in pojemo z zeljno solato.

Puranje prsi s pomarančno glazuro

Služi za 4–6

Za majhne družine, ki želijo praznični obrok z minimalnimi ostanki.

40 g/1½ oz/3 žlice masla
15 ml/1 žlica paradižnikovega kečapa (catsup)
10 ml/2 žlički črnega melasega melase
5 ml/1 žlička paprike
5 ml/1 žlička Worcestershire omake
Drobno naribana lupina 1 satsuma ali klementine
Ščepec mletih nageljnovih žbic
1,5 ml/¼ žličke mletega cimeta
1 cela puranja prsa, približno 1 kg/2¼ lb

Vse sestavine razen purana temeljito premešamo v jedi. Odkrito segrevajte pri odmrzovanju 1 minuto. Puranje prsi položite v pekač s premerom 25 cm/10 (peč) in premažite s polovico testa. Pokrijte s filmom za živila (plastično folijo) in ga dvakrat zarežite, da lahko para uhaja. Kuhajte na polni moči 10 minut. Puranje prsi obrnite in premažite s preostalo podlago. Pokrijte kot prej in kuhajte na Polni nadaljnjih 10 minut ter posodo trikrat obrnite. Pustite stati 7–10 minut pred rezljanjem.

Sladko-kisla raca

Služi 4

1 raca, približno 2,25 kg/5 lb, oprana in posušena
45 ml/3 žlice mangovega čatnija
Fižolov kalček
175 g/6 oz/¾ skodelice rjavega riža, kuhanega

Raco postavite obrnjeno na glavo na obrnjen čajni krožnik, ki stoji v pekaču s premerom 25 cm/10 (nizozemska pečica). Pokrijte s filmom za živila (plastično folijo) in ga dvakrat zarežite, da lahko para uhaja. Kuhajte na polni moči 20 minut. Odkrijte in previdno odlijte maščobo in sok. Raco obrnemo in prsi namažemo s čatnijem. Pokrijte kot prej in kuhajte na polni temperaturi še 20 minut. Razrežemo na štiri dele in postrežemo s fižolovimi kalčki in rižem.

Kantonska raca

Služi 4

45 ml/3 žlice gladke marelične marmelade (konzerviraj)
30 ml/2 žlici kitajskega riževega vina
10 ml/2 žlički blage pripravljene gorčice
5 ml/1 žlička limoninega soka
10 ml/2 žlički sojine omake
1 raca, približno 2,25 kg/5 lb, oprana in posušena

V manjšo posodo dajte marelično marmelado, riževo vino, gorčico, limonin sok in sojino omako. Segrevajte pri polni moči 1–1½ minute in dvakrat premešajte. Raco postavite obrnjeno na glavo na obrnjen čajni krožnik, ki stoji v pekaču s premerom 25 cm/10 (nizozemska pečica). Pokrijte s filmom za živila (plastično folijo) in ga dvakrat zarežite, da lahko para uhaja. Kuhajte na polni moči 20 minut. Odkrijte in previdno odlijte maščobo in sok. Raco obrnemo in prsi namažemo z marelično prelivom. Pokrijte kot prej in kuhajte pri polni moči 20 minut. Razrežemo na štiri porcije in postrežemo.

Raca s pomarančno omako

Služi 4

Razkošje visokega razreda, enostavno pripravljeno v mikrovalovni pečici v delčku časa, kot bi običajno. Okrasite z vodno krešo in rezinami svežih pomaranč za osrednji del zabave.

1 raca, približno 2,25 kg/5 lb, oprana in posušena

Za omako:
Drobno naribana lupinica 1 večje pomaranče
Sok 2 pomaranč
30 ml/2 žlici drobno narezane limonine marmelade
15 ml/1 žlica želeja rdečega ribeza (prozorna konzerva)
30 ml/2 žlici pomarančnega likerja
5 ml/1 žlička sojine omake
10 ml/2 žlički koruzne moke (koruznega škroba)

Raco postavite obrnjeno na glavo na obrnjen čajni krožnik, ki stoji v pekaču s premerom 25 cm/10 (nizozemska pečica). Pokrijte s filmom za živila (plastično folijo) in ga dvakrat zarežite, da lahko para uhaja. Kuhajte na polni moči 20 minut. Odkrijte in previdno odlijte maščobo in sok. Obrnite raco. Pokrijte kot prej in kuhajte pri polni moči 20 minut. Razrežemo na štiri dele, preložimo v servirni krožnik in pustimo na toplem. Posnemite maščobo iz sokov pri kuhanju.

Za pripravo omake dajte vse sestavine razen koruzne moke v merilni vrč. Dodamo posneti sok od kuhanja. Dopolnite do 300 ml/½ pt/1¼ skodelice z vročo vodo. Koruzno moko zmešajte v redko pasto z nekaj žlicami hladne vode. Dodajte v vrč in temeljito premešajte. Kuhajte brez pokrova na polni moči 4 minute in trikrat premešajte. Prelijemo čez raco in takoj postrežemo.

Raca v francoskem slogu

Služi 4

1 raca, približno 2,25 kg/5 lb, oprana in posušena
12 izkoščičenih (razkoščičenih) suhih sliv
1 steblo zelene, drobno sesekljano
2 stroka česna, zdrobljena

Za omako:
300 ml/½ pt/1¼ skodelice suhega jabolčnika
5 ml/1 žlička soli
10 ml/2 žlički paradižnikove mezge (pasta)
30 ml/2 žlici crème fraîche
15 ml/1 žlica koruzne moke (koruznega škroba)
Kuhane tagliatelle, za serviranje

Raco postavite obrnjeno na glavo na obrnjen čajni krožnik, ki stoji v pekaču s premerom 25 cm/10 (nizozemska pečica). Okoli race raztresite suhe slive, zeleno in česen. Posodo pokrijemo s filmom za živila (plastično folijo) in jo dvakrat zarežemo, da lahko para uhaja. Kuhajte na polni moči 20 minut. Odkrijte in previdno odlijte ter prihranite maščobo in sok. Obrnite raco. Pokrijte kot prej in kuhajte pri polni moči 20 minut. Razrežemo na štiri dele, preložimo v servirni krožnik in pustimo na toplem. Posnemite maščobo iz sokov pri kuhanju.

Za pripravo omake dajte jabolčnik v merilni vrč. Vmešajte sol, paradižnikovo mezgo, crème fraîche, posnet sok od kuhanja in koruzno moko. Kuhajte brez pokrova na polni moči 4–5 minut, dokler se ne zgosti in začne brbotati, vsako minuto mešajte. Prelijemo po raci in suhih slivah ter zraven dodamo tagliatelle.

Pečenje izkoščenih in zvitih kosov mesa

Spoj položite s kožo navzgor na posebno podstavko za mikrovalovno pečico, ki stoji v veliki posodi. Pokrijte s kosom oprijemljive folije (plastične folije). Za vsakih 450 g/1 lb upoštevajte naslednje čase kuhanja:

- Svinjina - 9 minut
- Šunka - 9 minut
- Jagnjetina - 9 minut
- Govedina - 6-8 minut

Za enakomerno pečenje posodo obrnite vsakih 5 minut, roke pa zaščitite z rokavicami. Na polovici časa pečenja pustite počivati 5–6 minut. Na koncu pečenja zmes preložimo na desko za rezanje in pokrijemo z dvojno debelo folijo. Pred izrezovanjem pustite počivati 5–8 minut, odvisno od velikosti.

Sladko-kisli svinjski kotleti s pomarančo in limeto

Služi 4

4 svinjski kotleti, vsak po 175 g/6 oz
60 ml/4 žlice paradižnikovega kečapa (catsup)
15 ml/1 žlica teriyaki omake
20 ml/4 žličke sladnega kisa
5 ml/1 žlička drobno naribane limetine lupinice
Sok 1 pomaranče
1 strok česna, strt (neobvezno)
350 g/12 oz/1½ skodelice rjavega riža, kuhanega

Kotlete razporedimo v globoko posodo premera 25 cm/10 cm. Zmešajte vse preostale sestavine razen riža in z žlico prelijte kotlete. Pokrijte s filmom za živila (plastično folijo) in ga dvakrat zarežite, da lahko para uhaja. Kuhajte na polni moči 12 minut in posodo štirikrat obrnite. Pustite stati 5 minut, preden postrežete z rjavim rižem.

Mesna štruca

Služi za 8–10

Preizkušena in zaupanja vredna vsestranska družinska terina. Odličen je, če ga postrežemo vročega, narezanega na kolesca z omako ali portugalsko omako ali rustikalno paradižnikovo omako ter skupaj s krompirjem v kremi ali makaroni s sirom in izbrano zelenjavo. Druga možnost je, da jo jeste hladno z bogato majonezo ali solatnim prelivom in solato. Za sendviče narežite na tanke rezine in uporabite kot nadev s solato, sesekljano mlado čebulo (popečasto čebulo) in paradižnikom ali, postrežen z mladimi kumaricami (cornichons) in žitnim kruhom, ima lastnosti klasične francoske predjedi.

125 g/4¾ oz/3½ rezine belega kruha rahle teksture
450 g/1 lb puste mlete (mlete) govedine
450 g/1 lb/4 skodelice mletega (zmletega) purana
10 ml/2 žlički soli
3 stroki česna, strti
4 velika jajca, pretepena
10 ml/2 žlički Worcestershire omake
10 ml/2 žlički temne sojine omake
10 ml/2 žlički pripravljene gorčice

Globok pekač s premerom 23 cm/9 rahlo namastite. Kruh zdrobite v kuhinjskem robotu. Dodajte vse preostale sestavine in stroj utripajte, dokler se zmes ravno ne poveže. (Izogibajte se pretiranemu mešanju, ker bo štruca težka in gosta.) Razporedite v pripravljeno posodo. Na sredino potisnite kozarec za otroško marmelado (konzervirano) ali skodelico za jajca z ravnimi stranmi, tako da mesna mešanica oblikuje obroč. Pokrijte s filmom za živila (plastično folijo) in ga dvakrat zarežite, da lahko para uhaja. Kuhajte na polni moči 18 minut, posodo dvakrat obrnite. Štruca se bo skrčila stran od stranic posode. Pustite stati 5 minut, če postrežete vroče.

Puran in terina iz klobas

Služi za 8–10

Pripravite kot mesno štruco, vendar mleto (mleto) govedino nadomestite s 450 g/1 lb govejega ali svinjskega mesa. Kuhajte na polni moči 18 minut namesto 20 minut.

Svinjski kotleti s hitrim prelivom

Služi 4

4 svinjski kotleti, vsak po 175 g/6 oz
30 ml/2 žlici masla ali margarine
5 ml/1 žlička paprike
5 ml/1 žlička sojine omake
5 ml/1 žlička Worcestershire omake

Kotlete razporedimo v globoko posodo premera 25 cm/10 cm. Maslo ali margarino stopite na odmrzovanju 1½ minute. Stepite preostale sestavine in prelijte po kotletih. Pokrijte s filmom za živila (plastično folijo) in ga dvakrat zarežite, da lahko para uhaja. Kuhajte na polni moči 9 minut in posodo štirikrat obrnite. Pustite stati 4 minute.

Havajska enolončnica s svinjino in ananasom

Služi 6

Nežnost, mehkoba in fin okus so značilni za ta mesni in sadni recept s tropskega otoka Havaji.

15 ml/1 žlica arašidovega (arašidovega) olja
1 čebula, drobno sesekljana
2 stroka česna, zdrobljena
900 g/2 lb svinjskega fileja, narezanega na kocke
15 ml/1 žlica koruzne moke (koruznega škroba)
400 g/14 oz/3½ skodelice konzerviranega zdrobljenega ananasa v naravnem soku
45 ml/3 žlice sojine omake
5 ml//1 čajna žlička mletega ingverja
Sveže mleti črni poper

S čopičem premažite dno in stene globoke posode s premerom 23 cm/9 cm. Dodajte čebulo in česen ter kuhajte nepokrito na polni moči 3 minute. Vmešajte svinjino, koruzno moko, ananas in sok, sojino omako in ingver. Po okusu začinimo s poprom. Razporedite v obroč po notranjem robu posode, tako da v sredini pustite majhno vdolbino. Pokrijte s filmom za živila (plastično folijo) in ga dvakrat zarežite, da lahko para uhaja. Kuhajte na polni moči 16 minut in posodo štirikrat obrnite. Pustite stati 5 minut, nato pa pred serviranjem premešajte.

Havajska enolončnica z gamonom in ananasom

Služi 6

Pripravite ga kot havajsko enolončnico s svinjino in ananasom, vendar svinjino nadomestite z nedimljenimi in mehkimi kockami gamona.

Praznični Gammon

Služi za 10–12

Gamon, kuhan v mikrovalovni pečici, je idealen za božični ali novoletni bife, vlažen in sočen ter se lepo razreže. To je največja velikost za zadovoljiv rezultat.

Gammon joint, največja teža 2,5 kg/5½ lb
50 g/2 oz/1 skodelica zapečenih krušnih drobtin
Celi nageljni

Meso najprej skuhamo na klasičen način, da zmanjšamo slanost. Gamon damo v večjo ponev, prelijemo s hladno vodo, zavremo in odcedimo. ponovi Odcejen zmes stehtajte in pustite 8 minut kuhanja na Polno na 450 g/1 lb. Zmes postavite neposredno na stekleni pladenj v mikrovalovni pečici ali pa jo dajte v veliko plitvo posodo. Če je konec ozek, ga zavijte v kos folije, da se ne prepeče. Gamon pokrijemo s kuhinjskim papirjem in kuhamo polovico časa kuhanja. Pustite stati v mikrovalovni pečici 30 minut. Odstranite folijo, če jo uporabljate, spoj obrnite in prekrijte s kuhinjskim papirjem. Končajte kuhanje in pustite stati še 30 minut. Prenos na desko. Odstranite kožo, maščobo narežite na diamante in potresite z drobtinami. Vsak diamant zabodite z nageljnovimi žbicami.

Glaziran Gala Gammon

Služi za 10–12

Gammon joint, največja teža 2,5 kg/5½ lb
50 g/2 oz/1 skodelica zapečenih krušnih drobtin
Celi nageljni
60 ml/4 žlice demerara sladkorja
10 ml/2 žlički gorčice v prahu
60 ml/4 žlice stopljenega masla ali margarine
5 ml/1 žlička Worcestershire omake
30 ml/2 žlici soka belega grozdja
Koktajl češnje

Pripravite kot za praznični gammon, vendar vsak nadomestni diamant obrobite s klinčki. Za pripravo glazure zmešajte sladkor, gorčico, maslo ali margarino, Worcestershire omako in grozdni sok. Gamon prestavimo v pekač in maščobo prelijemo z glazuro. Zmes kuhajte na običajen način pri 190 °C/375 °F/plinska oznaka 5 25–30 minut, dokler maščoba ne postane zlato rjave barve. Preostale diamante maščobe nabodite s koktajl češnjami, nabodenimi na koktajl palčke (zobotrebce).

Paella s špansko salamo

Služi 6

Pripravite kot paello, le da piščanca nadomestite z grobo narezano salamo.

Mesne kroglice na švedski način

Služi 4

To je ena od švedskih nacionalnih jedi, znana kot kottbullar, ki jo postrežejo s kuhanim krompirjem, brusnično omako, omako in mešano solato.

75 g/3 oz/1½ skodelice svežih belih drobtin
1 čebula, drobno sesekljana
225 g/8 oz/2 skodelici puste mlete (mlete) svinjine
225 g/8 oz/2 skodelici mlete (mlete) govedine
1 veliko jajce
2,5 ml/½ žličke soli
175 ml/6 fl oz/1 majhna pločevinka evaporiranega mleka
2,5 ml/½ žličke mletega pimenta
25 g/1 oz/2 žlici margarine

Vse sestavine razen margarine temeljito premešamo. Oblikujte 12 enako velikih kroglic. Segrejte posodo za pečenje v mikrovalovni pečici, kot je navedeno na strani 14 ali v knjižici z navodili, ki je priložena vaši posodi ali mikrovalovni pečici. Dodamo margarino in z rokavicami zaščitenimi z rokavicami vrtimo posodo, dokler ni podlaga popolnoma prekrita. Na tej točki bo tudi zacvrčalo. Dodajte mesne kroglice in jih takoj obrnite, da po celem porjavijo. Pokrijte s filmom za živila (plastično folijo) in ga dvakrat zarežite, da lahko para uhaja. Kuhajte na polni moči 9½ minut in posodo štirikrat obrnite. Pred serviranjem pustite stati 3 minute.

Svinjska pečenka z ocvirki

Presenetljivo hrustljava koža na svinjini zaradi dolgega časa kuhanja mesa.

Izberite kos stegna, ki dopušča 175 g/6 oz na osebo. Z nožem globoko zarežemo kožo in jo na gosto potresemo s soljo in bolj rahlo s papriko. Spoj položite s kožo navzgor na posebno podstavko za mikrovalovno pečico, ki stoji v veliki posodi. Pokrijte s kosom peki papirja. Tako odprto pečenko, pustite 9 minut za vsakih 450 g/1 lb. Jed obrnite vsakih 5 minut za enakomerno pečenje, roke pa zaščitite z rokavicami za pečico. Na polovici časa kuhanja pustite počivati 6 minut. Na koncu pečenja zmes preložimo na desko za rezanje in pokrijemo z dvojno debelo folijo. Pustite stati 8 minut, preden narežete in postrezite z zelenjavo ter nadevom iz žajblja in čebule.

Svinjska pečenka z medom

Pripravite kot za pečeno svinjino z ocvirki, vendar namažite s podlago iz 90 ml/6 žlic temnega čistega medu, pomešanega z 20 ml/velikodušno 1 žlico pripravljene gorčice in 10 ml/2 žlički Worcestershire omake, preden jih potresete s soljo in papriko.

Svinjski kotleti z rdečim zeljem

Služi 4

Zimska zadeva, ko kozarci in pločevinke rdečega zelja napolnijo police za božič. Jejte s krompirjevo smetano in pire pastinakom.

450 g/1 lb kuhanega rdečega zelja
4 paradižnike, blanširane, olupljene in narezane
10 ml/2 žlički soli
4 svinjski kotleti, vsak po 175 g/6 oz
10 ml/2 žlički sojine omake
2,5 ml/½ žličke česnove soli
2,5 ml/½ žličke paprike
15 ml/1 žlica temnega mehkega rjavega sladkorja

Ohrovt razporedimo po dnu pekača s premerom 20 cm/8 premera (holandska pečica). Primešamo paradižnik in sol ter nanje položimo kotlete. Prelijemo s sojino omako in potresemo s preostalimi sestavinami. Pokrijte s filmom za živila (plastično folijo) in ga dvakrat zarežite, da lahko para uhaja. Kuhajte na polni moči 15 minut in posodo štirikrat obrnite. Pred serviranjem pustite stati 4 minute.

Svinjski fileji po rimsko

Služi 4

15 ml/1 žlica oljčnega olja
1 majhna čebula, sesekljana
1 strok česna, zdrobljen
4 rezine svinjskega fileja, vsaka po 125 g/4 oz, pretlačene na zelo tanko
60 ml/4 žlice paradižnikovega soka
5 ml/1 žlička posušenega origana
125 g/4 oz sira Mozzarella, narezanega
30 ml/2 žlici kaper
Polenta

V globoko posodo s premerom 25 cm/10 prelijemo olje. Segrevajte pri polni moči 1 minuto. Primešamo čebulo in česen. Kuhajte brez pokrova na polni moči 4 minute in dvakrat premešajte. Svinjino dodajte v jed v eni plasti. Kuhajte brez pokrova na polni moči 2 minuti. Obrnite in kuhajte še 2 minuti. Potresemo s paradižnikovim sokom in origanom, na vrh položimo rezine mocarele, nato pa potresemo s kaprami. Pokrijte s filmom za živila (plastično folijo) in ga dvakrat zarežite, da lahko para uhaja. Kuhajte na polni moči 2–3 minute ali dokler se sir ravno ne stopi. Preden postrežemo s polento, pustimo stati 1 minuto.

Svinjski file in zelenjavna enolončnica

Služi za 6–8

15 ml/1 žlica sončničnega ali koruznega olja
1 čebula, naribana
2 stroka česna, zdrobljena
675 g/1½ lb svinjskega fileja, narezanega na 1,5 cm/¾ rezine
30 ml/2 žlici navadne (univerzalne) moke
5 ml/1 žlička posušenega majarona
5 ml/1 žlička drobno naribane pomarančne lupinice
200 g/7 oz/1¾ skodelice konzerviranega ali odmrznjenega mešanega graha in korenja
200 g/7 oz/1½ skodelice sladke koruze (koruze)
300 ml/½ pt/1¼ skodelice vina rosé
150 ml/¼ pt/2/3 skodelice vroče vode
5 ml/1 žlička soli

Olje nalijte v 2-litrsko/3½ pt/8½ skodelico enolončnico (nizozemska pečica). Segrevajte nepokrito na polni moči 1 minuto. Zmešajte čebulo in česen. Kuhajte brez pokrova na polni moči 4 minute in dvakrat premešajte. Dodajte svinjino. Posodo pokrijemo s krožnikom in kuhamo na Polni 4 minute. Vmešajte moko in pazite, da so kosi mesa dobro obloženi. Dodajte vse preostale sestavine razen soli. Pokrijte s filmom za živila (plastično folijo) in ga dvakrat zarežite, da lahko para uhaja. Kuhajte na polni moči 17 minut in posodo štirikrat obrnite. Pustite stati 5 minut, preden jih začinite s soljo in postrežete.

Čili svinjski kotleti

Služi 4

4 svinjska rebra, po 225 g/8 oz, brez maščobe
10 ml/2 žlički čilija ali začimbe Cajun
5 ml/1 žlička česna v prahu
400 g/14 oz/1 velika pločevinka rdečega fižola, odcejenega
400 g/14 oz/1 velika pločevinka narezanih paradižnikov
30 ml/2 žlici sesekljanega svežega koriandra (cilantra)
2,5 ml/½ žličke soli

Kotlete razporedimo v globoko posodo premera 30 cm/12. Potresemo z začimbami in česnom v prahu. Pokrijte s filmom za živila (plastično folijo) in ga dvakrat zarežite, da lahko para uhaja. Kuhajte na polni moči 8 minut, posodo dvakrat obrnite. Odkrijemo in namažemo s fižolom in paradižnikom z njihovim sokom. Potresemo s koriandrom in soljo. Pokrijte kot prej in kuhajte na polni moči 15 minut ter 3-krat obrnite. Pred serviranjem pustite stati 5 minut.

Svinjina s čatnijem in mandarinami

Služi 4

4 svinjska rebra, po 225 g/8 oz, brez maščobe
350 g/12 oz/1 velika pločevinka mandarin v lahkem sirupu
5 ml/1 žlička paprike
20 ml/4 žličke sojine omake
45 ml/3 žlice sadnega čatnija, po potrebi nasekljanega
2 stroka česna, zdrobljena
Kari riž

Kotlete razporedimo v globoko posodo premera 30 cm/12. Odcedite mandarine, prihranite 30 ml/2 žlici sirupa in porazdelite sadje po zrezkih. Prihranjeni sirup stepemo s preostalimi sestavinami razen riža in z žlico prelijemo mandarine. Pokrijte s filmom za živila (plastično folijo) in ga dvakrat zarežite, da lahko para uhaja. Kuhajte na polni moči 20 minut in posodo štirikrat obrnite. Pustite stati 5 minut, nato postrezite z rižem.

Rebra na žaru

Služi 4

1 kg/2¼ lb mesnatih svinjskih listov ali rebrc
50 g/2 oz/¼ skodelice masla ali margarine
15 ml/1 žlica paradižnikovega kečapa (catsup)
10 ml/2 žlički sojine omake
5 ml/1 žlička paprike
1 strok česna, zdrobljen
5 ml/1 žlička pekoče čilijeve omake

Svinjino operemo in osušimo ter razdelimo na posamezna rebra. Razporedite v največjo okroglo plitko posodo, ki se bo udobno prilegala mikrovalovni pečici, tako da je ožji del vsakega rebra obrnjen proti sredini. Pokrijte s filmom za živila (plastično folijo) in ga dvakrat zarežite, da lahko para uhaja. Kuhajte na polni moči 10 minut in posodo trikrat obrnite. Za pripravo podlage zmešajte preostale sestavine v skledi in jih 2 minuti segrevajte brez pokrova na odmrzovanju. Rebra odkrijemo in previdno odlijemo maščobo. Premažite s približno polovico las. Kuhajte brez pokrova na polni moči 3 minute. Obrnite s kleščami in premažite s preostalo podlago. Kuhajte brez pokrova na polni moči 2 minuti. Pred serviranjem pustite stati 3 minute.

V šunko ovita cikorija v sirovi omaki

Služi 4

V Belgiji, državi izvora, se imenuje chicorées au jambon. Srebrno bela zelenjava, ovita v šunko in ovita v preprosto sirovo omako, je gastronomska mojstrovina.

8 glav radiča (belgijske endivije), skupaj približno 1 kg/2¼ lb
150 ml/¼ pt/2/3 skodelice vrele vode
15 ml/1 žlica limoninega soka
8 velikih rezin kuhane šunke
600 ml/1 pt/2½ skodelice mleka
50 g/2 oz/¼ skodelice masla ali margarine
45 ml/3 žlice navadne (univerzalne) moke
175 g/6 oz/1½ skodelice sira Edamec, nariban
Sol in sveže mlet poper
Čips (pomfrit), za serviranje

Cikorijo obrežite, odstranite morebitne zmečkane ali poškodovane zunanje liste in vsakemu dnu izrežite stožčast kos, da preprečite grenak okus. Glave razporedite kot napere kolesa v globoko posodo s premerom 30 cm/12. Premažemo z vodo in limoninim sokom. Pokrijte s filmom za živila (plastično folijo) in ga dvakrat zarežite, da lahko para uhaja. Kuhajte na polni moči 14 minut, posodo dvakrat obrnite.

Pustite stati 5 minut, nato temeljito odcedite. Posodo operemo in osušimo. Ko je radič mlačen, vsakega ovijemo po rezino šunke in vrnemo v posodo. Mleko dajte v vrč in 3 minute segrevajte nepokrito na polni temperaturi. V posodo s prostornino 1,2 l/2 pt/5 skodelic dajte maslo ali margarino in jo stopite pri polni moči 1 minuto. Vmešamo moko, nato postopoma vmešamo vroče mleko. Kuhajte brez pokrova na polni moči 5–6 minut, vsako minuto mešajte, da zagotovite gladkost. dokler omaka ne postane mehurčkasta in se zgosti. Vmešajte sir in začinite po okusu. Enakomerno prelijemo po radiču in šunki. Pokrijte s krožnikom in ponovno segrevajte na polni moči 3 minute. Pustite stati 3 minute. Konvencionalno zapecite pod vročim žarom (brojlerji), po želji postrezite s čipsom.

Svinjska rebra v lepljivi pomarančni žar omaki

Služi 4

1 kg/2¼ lb mesnatih svinjskih listov ali rebrc
30 ml/2 žlici limoninega soka
30 ml/2 žlici sojine omake
5 ml/1 čajna žlička japonskega vasabija v prahu
15 ml/1 žlica Worcestershire omake
300 ml/½ pt/1¼ skodelice sveže stisnjenega pomarančnega soka
30 ml/2 žlici temno pomarančne marmelade
10 ml/2 žlički pripravljene gorčice
1 strok česna, zdrobljen
Kitajski rezanci, kuhani, za serviranje
Nekaj pomarančnih rezin za okras

Rebra položite v veliko plitvo posodo. Pokrijte s filmom za živila (plastično folijo) in ga dvakrat zarežite, da lahko para uhaja. Kuhajte na polni moči 7 minut, posodo dvakrat obrnite. Odkrijemo in previdno odlijemo maščobo. Preostale sestavine razen rezancev stepemo in prelijemo čez rebra. Rahlo pokrijte s kuhinjskim papirjem in kuhajte na Polni 20 minut, posodo štirikrat obrnite in jo vsakič polijte z omako. Jejte s kuhanimi kitajskimi rezanci in pomarančnimi rezinami, postreženimi ločeno.

Zrezek in puding z gobami

Služi 4

Ta stari angleški zaklad deluje kot sanje v mikrovalovni pečici, saj se pecivo iz loja (pasta) obnaša točno tako, kot se mora. Trik je v tem, da uporabite predkuhano meso, kot je domača enolončnica ali konzervirano meso, saj se kocke surovega mesa v mikrovalovni pečici pri kuhanju s tekočino rade strdijo.

Za pecivo:
175 g/6 oz/1½ skodelice samovzhajajoče (samovzhajajoče) moke
2,5 ml/½ žličke soli
50 g/2 oz/½ skodelice narezane goveje ali vegetarijanske loze
90 ml/6 žlic hladne vode

Za nadev:
450 g dušenega mesa z omako
125 g/4 oz gob

Če želite narediti pecivo, presejte moko in sol v skledo ter ju stresite v omako. Z vilicami vmešajte toliko vode, da dobite mehko, a voljno testo. Rahlo pregnetite, dokler ni gladko, nato pa na pomokani površini razvaljajte na 30 cm/12 in. Izrežite klinasto četrtino in jo rezervirajte za pokrov. Posodico za puding s prostornino 900 ml/1½ pt/3¾ skodelice temeljito namastite in obložite s testom, ga potegnite čez dno in stranice, dokler ne doseže notranjega roba na vrhu posodice, ter s konicami prstov iztisnite morebitne gube. Spoje zatesnite tako, da jih stisnete skupaj z navlaženimi prsti.

Za nadev segrejte dušeno meso in gobe skupaj v mikrovalovni pečici ali na klasičen način. Pustite, da se ohladi. Žlico vlijemo v posodo, obloženo s testom. Prihranjeno pecivo razvaljajte, da naredite pokrov, navlažite rob in ga položite na obloženo pecivo ter ju stisnite skupaj, da se tesni. Pokrijte s filmom za živila (plastično folijo) in ga dvakrat zarežite, da lahko para uhaja. Pecite na polni moči 7 minut, dokler pecivo dobro ne vzhaja. Pustite stati 3 minute, nato pa ga razporedite na krožnike za serviranje.

Zrezek in ledvični puding

Služi 4

Pripravite kot zrezek in puding z gobami, vendar uporabite 450 g/1 lb mešanice dušenega zrezka in ledvic.

Zrezek in kostanjev puding

Služi 4

Pripravite kot zrezek in gobov puding, le da gobe nadomestite s celimi kostanji.

Zrezek in vložen orehov puding s suhimi slivami

Služi 4

Pripravite kot puding z zrezki in gobami, le da gobe nadomestite s 4 vloženimi orehi, narezanimi na četrtine, in 8 izkoščičenimi (izkoščičenimi) suhimi slivami.

Južnoameriško 'sesekljano' meso

Služi 4

2 čebuli, drobno sesekljani ali naribani

*275 g/10 oz olupljene buče, maslene buče ali neolupljene bučke
(bučke), narezane na kocke
1 velik paradižnik, blanširan, olupljen in narezan
450 g/1 lb/4 skodelice grobo mlete (mlete) govedine
5–10 ml/1–2 žlički soli
Brazilski riž*

Zelenjavo in mleto meso dajte v pekač s premerom 20 cm/8 palcev (nizozemska pečica). Pokrijte s filmom za živila (plastično folijo) in ga dvakrat zarežite, da lahko para uhaja. Kuhajte na polni moči 10 minut in posodo trikrat obrnite. Odkrijte in temeljito pretlačite, da meso razpade. Pokrijte s krožnikom in kuhajte na polni moči 5 minut ter enkrat premešajte. Pustite stati 3 minute in začinite s soljo. Meso bo v nezgoščeni omaki precej ohlapne konsistence. Postrezite z brazilskim rižem.

Brazilsko 'sesekljano' meso z jajci in olivami

Služi 4

Pripravite kot južnoameriško sesekljano meso, le da izpustite buče, buče ali bučke (bučke). Mesni mešanici dodajte 60 ml/4 žlice jušne osnove. Skrajšajte začetni čas kuhanja na 7 minut. Ko stojite, vmešajte 3 rezine trdo kuhanih (trdo kuhanih) jajc in 12 izkoščičenih (izkoščičenih) zelenih oliv.

Sendvič Reuben

Služi 2

Kot bo pričal vsak Severnoameričan, je odprti sendvič Reuben pravi obrok, ki ga proizvajajo delikatese od New Yorka do Kalifornije.

2 veliki rezini rjavega ali rženega kruha
Majoneza
175 g/6 oz slane govedine, pastrami ali prsi, narezane na tanke rezine
175 g/6 oz odcejenega kislega zelja
4 velike tanke rezine sira Gruyère (švicarski) ali ementalec

Kruh namažemo z majonezo in rezine eno poleg druge položimo na velik krožnik. Odkrito segrevajte pri odmrzovanju 1½ minute. Vsako enakomerno pokrijte z govedino in na vrhu položite kislo zelje, ki ga rahlo potlačite z lopatko. Pokrijte s sirom. Kuhajte na polni moči 1½ – 2 minuti, dokler se sir ne stopi. Jejte takoj.

Goveji Chow Mein

Služi 4

Pripravite kot Chicken Chow Mein, le da piščanca nadomestite z govedino.

Goveji kotlet Suey

Služi 4

Pripravite kot Chicken Chop Suey, vendar piščanca zamenjajte z govedino.

Enolončnica iz jajčevcev in govedine

Služi 6

Ta specialiteta Louisiane je poslastica za vse in domačini.

4 jajčevci (jajčevci)
10 ml/2 žlički soli
45 ml/3 žlice vrele vode
1 čebula, drobno naribana
450 g/1 lb/4 skodelice puste mlete (mlete) govedine
75 g/3 oz/1½ skodelice svežih belih drobtin
1,5–2,5 ml/¼–½ žličke pekoče paprike
Sol in sveže mlet poper
25 g/1 oz/2 žlici masla
250 g/8 oz/2¼ skodelice ameriškega dolgozrnatega riža, kuhanega

Jajčevce z vrha, repa in lupine ter meso narežite na kocke. Dajte v večjo skledo ali posodo ter premešajte sol in vrelo vodo. Pokrijte s filmom za živila (plastično folijo) in ga dvakrat zarežite, da lahko para uhaja. Kuhajte na polni moči 14 minut. Pustite stati 2 minuti. Temeljito odcedimo, nato damo v mešalnik ali predelovalec hrane in predelamo v pire. Plitvo posodo temeljito namastimo. Zmešajte jajčevčev pire, čebulo, govedino, polovico drobtin, poprovo omako ter sol in sveže mlet črni poper po okusu. Razporedite v enolončnico. Potresemo s preostalimi drobtinami, nato pa potresemo s kosmiči masla. Kuhajte brez pokrova na polni moči 10 minut. Pred serviranjem na kratko popečemo pod vročim žarom (brojlerjem), da vrh hrustljavo zapeče. Postrezite z rižem.

Kari iz mesnih kroglic

Služi 8

675 g/1½ lb/6 skodelic puste mlete (mlete) govedine
50 g/2 oz/1 skodelica svežih belih drobtin
1 strok česna, zdrobljen
1 veliko jajce, pretepljeno
300 ml/10 fl oz/1 pločevinka kondenzirane paradižnikove juhe
6 paradižnikov
10 ml/2 žlički sojine omake
15–30 ml/1–2 žlici blagega curryja
15 ml/1 žlica paradižnikove mezge (pasta)
1 goveja jušna kocka
75 ml/5 žlic mangovega čatnija
Kuhan riž ali pire krompir, za serviranje

Zmešajte govedino, drobtine, česen in jajca. Oblikujte 16 kroglic in jih razporedite po robu globoke posode s premerom 25 cm/10 cm. Preostale sestavine zmešajte in z žlico nanesite mesne kroglice. Pokrijte s filmom za živila (plastično folijo) in ga dvakrat zarežite, da lahko para uhaja. Kuhajte na polni moči 18 minut in posodo štirikrat obrnite. Pustite stati 5 minut. Odkrijte in z omako premažite mesne kroglice. Pustite nepokrito in ponovno segrevajte pri polni moči še 1½–2 minuti. Postrezite s kuhanim rižem ali pire krompirjem.

Italijanske mesne kroglice

Služi 4

15 ml/2 žlici oljčnega olja

1 čebula, naribana

2 stroka česna, zdrobljena

450 g/1 lb/4 skodelice puste mlete (mlete) govedine

75 ml/5 žlic svežih belih drobtin

1 jajce, pretepeno

10 ml/2 žlički soli

400 g/14 oz/1¾ skodelice passate (presejanega paradižnika)

10 ml/2 žlički temno mehkega rjavega sladkorja

5 ml/1 žlička posušene bazilike ali origana

V globoko posodo premera 20 cm/8 prelijemo olje. Dodajte čebulo in česen. Kuhajte brez pokrova na polni moči 4 minute. Meso zmešamo z drobtinami, jajcem in polovico soli. Oblikujte 12 majhnih kroglic. Dodajte v jed in kuhajte nepokrito na polni moči 5 minut, pri čemer mesne kroglice na polovici časa kuhanja obrnite. Postavite se med mešanjem pasate, sladkorja, origana in preostale soli. Prelijemo čez mesne kroglice. Pokrijte s filmom za živila (plastično folijo) in ga dvakrat zarežite, da lahko para uhaja. Kuhajte na polni moči 10 minut in posodo trikrat obrnite. Pred serviranjem pustite stati 3 minute.

Hitre mesne kroglice s papriko

Služi za 4–6

To je dobro z navadnim kuhanim krompirjem ali čipsom iz mikrovalovne pečice (pomfri), če se vam res mudi!

450 g/1 lb/4 skodelice puste mlete (mlete) govedine
50 g/2 oz/1 skodelica svežih belih drobtin
1 strok česna, zdrobljen
1 veliko jajce, pretepljeno
300 ml/½ pt/1¼ skodelice passate (presejanega paradižnika)
300 ml/½ pt/1¼ skodelice vrele vode
30 ml/2 žlici posušenih kosmičev rdeče in zelene (bolgarske) paprike
10 ml/2 žlički paprike
5 ml/1 čajna žlička kuminih semen (neobvezno)
10 ml/2 žlički temno mehkega rjavega sladkorja
5 ml/1 žlička soli
150 ml/5 oz/2/3 skodelice kisle (mlečne kisle) smetane

Zmešajte meso, drobtine, česen in jajca. Oblikujte 12 kroglic. Razporedite po robu globoke posode s premerom 20 cm/8 cm. Pasato zmešajte z vodo. Vmešajte poprove kosmiče, papriko, kumino, če jo uporabljate, in sladkor. Z žlico prelijte mesne kroglice. Pokrijte s filmom za živila (plastično folijo) in ga dvakrat zarežite, da lahko para uhaja. Kuhajte na polni moči 15 minut, posodo trikrat obrnite. Pustite stati 5 minut, nato odkrijte in vmešajte sol in kislo smetano. Ponovno segrevajte, nepokrito, na polni moči 2 minuti.

Zeliščna goveja bifejska rezina

Služi 8

900 g/2 lb/8 skodelic mlete (mlete) govedine
2 veliki jajci, pretepeni
1 goveja jušna kocka
1 majhna čebula, drobno naribana
60 ml/4 žlice navadne (univerzalne) moke
45 ml/3 žlice paradižnikovega kečapa (catsup)
10 ml/2 žlički posušene mešanice zelišč
10 ml/2 žlički sojine omake
Listi mete in olupljene pomarančne rezine za okras

Temeljito premešajte vse sestavine razen sojine omake. Razporedite v 1¼ litra/2 pt/5 skodelice namaščen pravokoten pekač v obliki pekača za hlebce. Po vrhu namažite s sojino omako. Pokrijte s filmom za živila (plastično folijo) in ga dvakrat zarežite, da lahko para uhaja. Kuhajte pri polni moči 10 minut, nato pustite stati v mikrovalovni pečici 5 minut. Kuhajte na odmrzovanju nadaljnjih 12 minut in posodo štirikrat obrnite. Pustite stati 5 minut, nato odkrijte in previdno odcedite odvečno maščobo in sok, ki ga lahko uporabite za omake in omake. Pustite, da se ohladi, nato previdno prestavite v servirni krožnik in okrasite z listi mete in rezinami pomaranče. Postrezite narezano.

Arašidova govedina s kokosom na malezijski način

Služi 4

2 čebuli, drobno sesekljani
1 strok česna, zdrobljen
450 g/1 lb/4 skodelice ekstra puste mlete (mlete) govedine
125 g/4 oz/½ skodelice hrustljavega arašidovega masla
45 ml/3 žlice posušenega (nastrganega) kokosa
2,5 ml/½ žličke omake s feferoni
15 ml/1 žlica sojine omake
2,5 ml/½ žličke soli
300 ml/½ pt/1¼ skodelice vrele vode
175 g/6 oz/1½ skodelice riža, kuhanega
Orientalske kumarice, za okras (neobvezno)

Čebulo, česen in govedino položite v 1,5 l/2½ pt/6 skodelic enolončnico (nizozemska pečica). Dobro premešajte z vilicami in pazite, da je govedina temeljito razdrobljena. Pokrijte s filmom za živila (plastično folijo) in ga dvakrat zarežite, da lahko para uhaja. Kuhajte na polni moči 8 minut, posodo dvakrat obrnite. Odkrijte in vmešajte vse preostale sestavine razen riža. Pokrijte kot prej in kuhajte na Polno še 8 minut, posodo trikrat obrnite. Pustite stati 3 minute.

Odkrijemo in premešamo, nato postrežemo s kuhanim rižem in po želji orientalskimi kumaricami.

Hitra štruca z govedino in majonezo

Služi 6

Super glavna jed za večerjo, bolj razkošna, kot bi pričakovali od tako hitro pripravljene jedi.

750 g/1½ lb/6 skodelic puste mlete (mlete) govedine
15 ml/1 žlica posušenih kosmičev rdeče in zelene paprike
15 ml/1 žlica drobno sesekljanega peteršilja
7,5 ml/1½ žličke čebulne soli
30 ml/2 žlici navadne (univerzalne) moke
60 ml/4 žlice goste majoneze
7,5 ml/1½ žličke gorčice v prahu
5 ml/1 žlička sojine omake

Globok pekač s premerom 20 cm/8 temeljito namastite. Goveje meso združimo z vsemi preostalimi sestavinami in gladko razporedimo po krožniku. Pokrijte s filmom za živila (plastično folijo) in ga dvakrat zarežite, da lahko para uhaja. Kuhajte na polni moči 12 minut in posodo štirikrat obrnite. Pustimo stati 5 minut, nato štruco z dvema lopatkama dvignemo iz posode in pustimo maščobo. Prenesite na segret servirni krožnik in narežite na šest rezin za serviranje.

Govedina, kuhana v rdečem vinu

Služi 4

Pametna in elegantna jed, še posebej, če jo postrežemo s klasičnim makaronskim sirom ali savojskim krompirjem in morda srčki artičok v pločevinkah, ogretimi na malo masla.

30 ml/2 žlici masla ali margarine
2 veliki čebuli, naribani
1 strok česna, zdrobljen
125 g gob, narezanih na tanke rezine
450 g/1 lb ramstek (konica), narezan na majhne kocke
15 ml/1 žlica paradižnikove mezge (pasta)
15 ml/1 žlica sesekljanega peteršilja
15 ml/1 žlica koruzne moke (koruznega škroba)
5 ml/1 čajna žlička močne pripravljene gorčice
300 ml/½ pt/1¼ skodelice suhega rdečega vina
5 ml/1 žlička soli

Maslo ali margarino dajte v pekač s premerom 20 cm/8 v (nizozemska pečica). Stopite, odkrito, na odmrzovanju 1–1½ minute. Primešamo čebulo, česen in gobe. Kuhajte brez pokrova na polni moči 5 minut. Zrezek premešamo, nato zmes premaknemo na rob posode, da oblikujemo obroč, v sredini pa pustimo majhno vdolbino. Pokrijte s krožnikom in kuhajte na polni moči 5 minut. Medtem zmešamo paradižnikovo mezgo, peteršilj, koruzno moko in gorčico. Gladko premešajte z malo rdečega vina, nato pa vmešajte preostanek. Nežno vmešajte v zmes za zrezke. Pokrijte s krožnikom in kuhajte na polni moči 5 minut, dvakrat premešajte. Pustite stati 3 minute. Vmešajte sol in postrezite.

Namak iz kovanih jajčevcev

Služi za 6–8

750 g/1½ lb jajčevcev (jajčevcev)
Sok 1 limone
20 ml/4 žličke oljčnega olja
1–2 stroka česna, strta
250 ml/8 fl oz/1 skodelica skute ali skute
15 ml/1 žlica sesekljanih listov mete
1,5 ml/¼ žličke železnega (superfinega) sladkorja
7,5–10 ml/1½–2 žlički soli

Jajčevce na vrhu in na repu ter jih po dolžini prepolovite. Razporedite jih na velik krožnik s prerezano stranjo navzdol in pokrijte s kuhinjskim papirjem. Kuhajte na polni moči 8–9 minut ali dokler niso mehki. Meso poberite iz olupkov neposredno v kuhinjski robot in dodajte preostale sestavine. Predelajte v gladek in kremast pire. Prelijte v servirno skledo, pokrijte in pred serviranjem rahlo ohladite.

Jajčevčev namak s paradižnikom in mešanico zelišč

Služi za 6–8

750 g/1½ lb jajčevcev (jajčevcev)
5 ml/1 čajna žlička sesekljanih listov mete
75 ml/3 žličke sesekljanih listov koriandra (cilantra).
5 ml/1 žlička sesekljanega peteršilja
3 paradižnike, blanširane, olupljene, brez semen in drobno narezane

Jajčevce na vrhu in na repu ter jih po dolžini prepolovite. Razporedite jih na velik krožnik s prerezano stranjo navzdol in pokrijte s kuhinjskim papirjem. Kuhajte na polni moči 8–9 minut ali dokler niso mehki. Meso iz lupine poberite neposredno v kuhinjski robot in dodajte preostale sestavine razen paradižnika. Predelajte v gladek in kremast pire. Vmešajte paradižnik, nato pa z žlico prelijte v servirno skledo, pokrijte in pred serviranjem rahlo ohladite.

Bližnjevzhodna pomaka iz jajčevcev in tahinija

Služi za 6–8

750 g/1½ lb jajčevcev (jajčevcev)
45 ml/3 žlice tahinija (pasta iz sezamovih semen)
Sok 1 majhne limone
1 strok česna, narezan na tanke rezine
25 ml/1½ žlice oljčnega olja
1 majhna čebula, narezana
60 ml/4 žlice grobo sesekljanih listov koriandra
5 ml/1 čajna žlička prahu (super finega) sladkorja
5–10 ml/1–2 žlički soli

Jajčevce na vrhu in na repu ter jih po dolžini prepolovite. Razporedite jih na velik krožnik s prerezano stranjo navzdol in pokrijte s kuhinjskim papirjem. Kuhajte na polni moči 8–9 minut ali dokler niso mehki. Meso olupite neposredno v kuhinjski robot. Dodamo preostale sestavine in solimo po okusu. Predelajte v gladek in kremast pire. Prelijemo v servirno skledo in postrežemo pri sobni temperaturi.

Turški jajčevčev dip

Služi za 6–8

750 g/1½ lb jajčevcev (jajčevcev)
30 ml/2 žlici oljčnega olja
Sok 1 velike limone
2,5–5 ml/½–1 čajne žličke soli
2,5 ml/½ žličke železnega (superfinega) sladkorja
Črne olive, trakovi rdeče (bolgarske) paprike in rezine paradižnika za okras

Jajčevce na vrhu in na repu ter jih po dolžini prepolovite. Razporedite jih na velik krožnik s prerezano stranjo navzdol in pokrijte s kuhinjskim papirjem. Kuhajte na polni moči 8–9 minut ali dokler niso mehki. Meso poberite iz olupkov neposredno v kuhinjski robot in dodajte preostale sestavine. Predelajte do pol gladkega pireja. Zložite v servirni krožnik in okrasite z olivami, rdečo papriko in rezinami paradižnika.

Grški jajčevčev dip

Služi za 6–8

750 g/1½ lb jajčevcev (jajčevcev)
1 majhna čebula, grobo naribana
2 stroka česna, narezana na tanke rezine
5 ml/1 žlička sladnega kisa
5 ml/1 žlička limoninega soka
150 ml/¼ pt/2/3 skodelice blagega oljčnega olja
2 velika paradižnika, blanširana, brez semen in grobo narezana
Peteršilj, kolobarji zelene ali rdeče (bolgarske) paprike in majhne črne olive za okras

Jajčevce na vrhu in na repu ter jih po dolžini prepolovite. Razporedite jih na velik krožnik s prerezano stranjo navzdol in pokrijte s kuhinjskim papirjem. Kuhajte na polni moči 8–9 minut ali dokler niso mehki. Meso iz olupkov poberite neposredno v kuhinjski robot in dodajte čebulo, česen, kis, limonin sok in olje. Predelajte v gladek pire. Z žlico dajte v veliko skledo in vmešajte paradižnik. Zložimo v servirni krožnik in okrasimo s peteršiljem, papriko in olivami.

Bagna Cauda

Služi za 4–6

Neizmerno bogat in edinstven namak s sardoni iz Italije, ki ga je treba, ko je narejen, hraniti na toplem nad žgano pečjo na jedilni mizi. Dunks so običajno surova ali kuhana zelenjava. Uporabljajte samo blago in nežno bledo zlato ekstra deviško oljčno olje, sicer bo okus lahko premočan.

30 ml/2 žlici oljčnega olja
25 g/1 oz/2 žlici nesoljenega (sladkega) masla
1 strok česna, zdrobljen
50 g/2 oz/1 majhna konzerva filejev inčunov v olju
60 ml/4 žlice drobno sesekljanega peteršilja
15 ml/1 žlica drobno sesekljanih listov bazilike

Olje, maslo in česen dajte v nekovinsko ognjevarno posodo. Dodamo olje iz pločevinke sardonov, peteršilj in baziliko. Inčune drobno nasekljamo in dodamo v skledo. Skledo delno pokrijte s krožnikom in kuhajte na odmrzovanju 3–4 minute, dokler se pomak ravno ne segreje. Prestavimo na prižgano žgano peč in med jedjo ohranjamo toplo.

Enolončnica iz jajčevcev

Služi 4

Louisianski recept, ki se je vrnil z mano iz tega soparnega dela Severne Amerike.

2 jajčevca (jajčevca), skupaj približno 550 g/1¼ lb
1 steblo zelene, drobno sesekljano
1 velika čebula, drobno sesekljana
½ zelene (bolgarske) paprike, brez semen in drobno sesekljane
30 ml/2 žlici sončničnega ali koruznega olja
3 paradižniki, olupljeni in narezani
75 g/3 oz/1½ skodelice svežih belih drobtin
Sol in sveže mlet črni poper
50 g/2 oz/½ skodelice sira čedar, nariban

Z ostrim nožem zarežite kožo vsakega jajčevca po dolžini. Položite na krožnik, pokrijte s kuhinjskim papirjem in kuhajte na polni moči 6 minut ter enkrat obrnite. Morali bi biti mehki, če pa niso, kuhajte še 1–2 minuti. Vsakega prepolovite vzdolž zareze, nato pulpo zajemajte v mešalnik ali predelovalec hrane in zavrzite lupine. Predelajte v pire. Zeleno, čebulo, zeleno papriko in olje dajte v 2-l/3½ pt/8½ skodelico enolončnico (nizozemska pečica), pokrijte s krožnikom in kuhajte na polni moči 3 minute. Zmešajte jajčevčev pire, paradižnik, drobtine ter sol in poper po okusu ter kuhajte na polni moči še 3 minute. Odkrijte, potresite s sirom in ponovno segrevajte nepokrito na polni moči 2 minuti. Pred serviranjem pustite stati 2 minuti.

Vložene koktajl gobe

Služi 8

60 ml/4 žlice rdečega vinskega kisa
60 ml/4 žlice sončničnega ali koruznega olja
1 čebula, zelo tanko narezana
5 ml/1 žlička soli
15 ml/1 žlica sesekljanih listov koriandra (cilantra).
5 ml/1 čajna žlička blage pripravljene gorčice
15 ml/1 žlica lahkega mehkega rjavega sladkorja
5 ml/1 žlička Worcestershire omake
kajenski poper
350 g/12 oz gob

Kis, olje, čebulo, sol, koriander, gorčico, sladkor in Worcestershire omako dajte v 2-l/3½ pt/8½ skodelico enolončnico (nizozemska pečica) s potresom kajenskega popra. Pokrijte s krožnikom in segrevajte pri polni moči 6 minut. Vmešajte gobe. Ko se ohladi, pokrijte in ohladite približno 12 ur. Odcedite in postrezite s kremno omako.

Polnjene pečene jajčevce z jajci in pinjolami

Služi 2

2 jajčevca (jajčevca), skupaj približno 550 g/1¼ lb
10 ml/2 žlički limoninega soka
75 g/3 oz/1½ skodelice svežih belih ali rjavih drobtin
45 ml/3 žlice praženih pinjol
7,5 ml/1½ žličke soli
1 strok česna, zdrobljen
3 trdo kuhana (trdo kuhana) jajca, sesekljana
60 ml/4 žlice mleka
5 ml/1 žlička posušene mešanice zelišč
20 ml/4 žličke oljčnega olja

Z ostrim nožem zarežite kožo vsakega jajčevca po dolžini. Položite na krožnik, pokrijte s kuhinjskim papirjem in kuhajte na polni moči 6 minut ter enkrat obrnite. Morali bi biti mehki, če pa niso, kuhajte še 1–2 minuti. Vsakega prepolovite vzdolž zareze, nato pa pulpo zajemite v mešalnik ali kuhinjski robot, lupine pa pustite nedotaknjene. Dodamo limonin sok in obdelamo v gladek pire. Postrgajte v skledo in vmešajte vse preostale sestavine razen olja. Z žlico nadevajte v lupine jajčevcev, nato pa jih razporedite po krožniku z ožjimi robovi proti sredini. Po vrhu kapljajte olje, pokrijte s kuhinjskim papirjem in segrevajte na polni moči 4 minute. Jejte toplo ali hladno.

grške gobe

Služi 4

1 šopek garni vrečka
1 strok česna, zdrobljen
2 lovorjeva lista
60 ml / 4 žlice vode
30 ml/2 žlici limoninega soka
15 ml/1 žlica vinskega kisa
15 ml/1 žlica oljčnega olja
5 ml/1 žlička soli
450 g/1 lb gob
30 ml/2 žlici sesekljanega peteršilja

Vse sestavine razen gob in peteršilja dajte v večjo skledo. Pokrijte s krožnikom in segrevajte na polni moči 4 minute. Vmešajte gobe, pokrijte kot prej in kuhajte na polni moči še 3 minute in pol. Ohladite, pokrijte in ohladite nekaj ur. Odstranite šopek garnitur, nato pa z žlico za odcejanje gobe preložite na štiri krožnike, vsakega potresite s peteršiljem in postrezite.

Vinaigrette iz artičok

Služi 4

450 g topinamburja
Vinaigrette preliv, domač ali kupljen
10 ml/2 žlički sesekljanega peteršilja
5 ml/1 žlička sesekljanega pehtrana

Artičoke in malo vode damo v posodo in pokrijemo s krožnikom. Kuhajte na polni moči 10 minut, posodo dvakrat obrnite. Temeljito odcedite in narežite na debelo. Še tople premažemo z vinaigrette prelivom. Razdelite na štiri krožnike in potresite s peteršiljem in pehtranom.

Cesarska solata

Služi 4

Edinstvena solata, ki jo je v dvajsetih letih ustvaril Caesar Cardini, v kateri so nenavadna jajca. To je izjemno preprosta predjed, ki pa ima klasičen šik.

1 solata cos (romaine), ohlajena
1 strok česna, zdrobljen
60 ml/4 žlice ekstra deviškega oljčnega olja
Sol in sveže mlet črni poper
2 veliki jajci
5 ml/1 žlička Worcestershire omake
Sok 2 limon, precejen
90 ml/6 žlic sveže naribanega parmezana
50 g/2 oz/1 skodelica česnovih krutonov

Solato prečno narežemo na 5 cm/2 kose in damo v solatno skledo s česnom, oljem in začimbami po okusu. Nežno premešajte. Za namakanje jajc obložite skledo z žitaricami s filmom za živila (plastično folijo) in vanjo razbijte jajca. Kuhajte brez pokrova na odmrzovanju 1½ minute. Dodajte v solatno skledo z vsemi preostalimi sestavinami in ponovno premešajte, dokler niso dobro premešane. Razporedite po krožnikih in takoj postrezite.

Nizozemska cikorija z jajcem in maslom

Služi 4

8 glavic radiča (belgijske endivije)
30 ml/2 žlici limoninega soka
75 ml/5 žlic vrele vode
5 ml/1 žlička soli
75 g/3 oz/1/3 skodelice masla, na kuhinjski temperaturi in precej mehko
4 trdo kuhana (trdo kuhana) jajca, sesekljana

Cikorijo obrežite in iz dna vsakega izrežite stožec, da preprečite grenak okus. Cikorijo v enem sloju razporedite v posodo s premerom 20 cm/8 ter dodajte limonin sok in vodo. Potresemo s soljo. Pokrijte s filmom za živila (plastično folijo) in ga dvakrat zarežite, da bo para izhajala. Kuhajte na polni moči 15 minut. Pustite stati 3 minute, nato odcedite. Medtem ko se radič kuha, stepite maslo, da postane svetlo in kremasto. Vmešajte jajca. Radič razporedimo na štiri ogrete krožnike in prelijemo z jajčno mešanico. Jejte takoj.

Jajčna majoneza

Služi 1

Ena od standardnih francoskih predjedi, jajčna majoneza, je zanesljivo okusna in jo je mogoče spreminjati po okusu.

Naribani listi zelene solate
1–2 trdo kuhani (trdokuhani) jajci, razpolovljeni
Majonezna omaka ali uporabite kupljeno majonezo
4 konzervirani fileti inčunov v olju
1 paradižnik, narezan na kolesca

Solato razporedimo po krožniku. Na vrh položite jajca, s prerezano stranjo navzdol. Precej na debelo premažemo z majonezo, nato pa po okusu okrasimo s sardoni in rezinami paradižnika.

Jajca z majonezo Skordalia

Služi 4

Poenostavljena različica kompleksne majonezne omake s česnom in drobtinami, ki dopolni poln okus in teksturo jajc.

150 ml/¼ pt/2/3 skodelice majonezne omake
1 strok česna, zdrobljen
10 ml/2 žlički svežih belih drobtin
15 ml/1 žlica mletih mandljev
10 ml/2 žlički limoninega soka
10 ml/2 žlički sesekljanega peteršilja
Naribani listi zelene solate
2 ali 4 trdo kuhana (trdo kuhana) jajca, razpolovljena
1 rdeča čebula, zelo tanko narezana
Majhne grške črne olive za okras

Zmešajte majonezo, česen, drobtine, mandlje, limonin sok in peteršilj. Solato razporedimo po krožniku, nato pa nanjo položimo jajčne polovice. Premažemo z majonezno mešanico, nato okrasimo z rezinami čebule in olivami.

Škotska gozdna šklupa

Služi 4

Spada v staro ligo mestnih gospodskih klubov in, postrežena vroča, ostaja ena najbolj prestižnih kanapejev na trgu.

4 rezine kruha
maslo
Gentleman's Relish ali pasta iz inčunov
2 količini ekstra kremnih umešanih jajc
Nekaj konzerviranih filetov inčunov v olju za okras

Kruh popečemo, nato namažemo z maslom. Na tanko namažite z Gentleman's Relish ali sardonovo pasto, vsako rezino narežite na četrtine in hranite na toplem. Pripravite zelo kremasto umešana jajca in jih z žlico naložite na četrtine toasta. Okrasite s fileji inčunov.

Jajca s švedsko majonezo

Služi 4

Naribani listi zelene solate
1–2 trdo kuhani (trdokuhani) jajci, razpolovljeni
25 ml/1½ žlice jabolčnega pireja (jabolčna omaka)
Železni (super fin) sladkor
150 ml/¼ pt/2/3 skodelice majonezne omake ali uporabite kupljeno majonezo
5 ml/1 žlička hrenove omake
5–10 ml/1–2 žlički črnega ali pomarančnega mock kaviarja
1 jedno (desertno) jabolko z rdečo lupino, narezano na tanke rezine

Solato razporedimo po krožniku. Na vrh položite jajca, s prerezano stranjo navzdol. Jabolčno kašo rahlo osladimo s sladkorjem, nato pa jo vmešamo v majonezo s hrenovo omako. S to mešanico premažite jajca, nato pa jih okrasite z mock kaviarjem in trakom jabolčnih rezin.

Turška fižolova solata

Služi 6

Temu se v Turčiji reče fesulya plaki in je v bistvu mešanica konzerviranega fižola (mornarskega) fižola in porcije sredozemske zelenjave. Je ekonomična predjed in prosi za hrustljav kruh zraven.

75 ml/5 žlic oljčnega olja
2 čebuli, drobno naribani
2 stroka česna, zdrobljena
1 velik zrel paradižnik, blanširan, olupljen, očiščen semen in narezan
1 zelena (bolgarska) paprika, brez semen in zelo drobno sesekljana
10 ml/2 žlički železnega (superfinega) sladkorja
75 ml/5 žlic vode
2,5–5 ml/½–1 čajne žličke soli
30 ml/2 žlici sesekljanega kopra (trave kopra)
400 g/14 oz/1 velika konzerva fižola haricot, odcejenega

Olje, čebulo in česen dajte v posodo s prostornino 1,75 l/3 pt/7½ skodelice in kuhajte nepokrito na polni moči 5 minut, dvakrat premešajte. Zmešajte paradižnik, zeleno papriko, sladkor, vodo in sol. Dve tretjini pokrijemo s krožnikom in kuhamo na polni moči 7 minut, dvakrat premešamo. Pustite, da se popolnoma ohladi, nato pokrijte in ohladite nekaj ur. Primešamo koper in fižol. Ponovno pokrijte in ohladite še eno uro.

Fižolova solata z jajci

Služi 6

Pripravite kot solato iz turškega fižola, vendar vsako porcijo okrasite s kosi trdo kuhanega (trdo kuhanega) jajca.

Lončnica

Služi 6

275 g/10 oz filejev kiperja
75 g/3 oz/1/3 skodelice kremnega sira
Sok ½ limone
2,5 ml/½ čajne žličke angleške ali kontinentalne gorčice
1 strok česna, narezan na tanke rezine (neobvezno)
Vroč toast ali slani piškoti (krekerji) za postrežbo

Kipperje segrejte v mikrovalovni pečici. Odstranite kožo in kosti ter meso naluščite. Prenesite v kuhinjski robot s preostalimi sestavinami in obdelujte, dokler zmes ne nastane pasta. Z žlico damo v manjši krožnik in poravnamo vrh. Pokrijte in ohladite, dokler ni čvrsta. Namaz postrežemo na vročem toastu ali slanih piškotih.

Kozica v loncu

Služi 4

Še en tipično britanski revivalistični recept. Postrezite s sveže pripravljenim tankim belim toastom.

175 g/6 oz/¾ skodelice nesoljenega (sladkega) masla
225 g/8 oz/2 skodelici majhnih kozic
Ščepec pimenta
beli poper
Toast, za serviranje

Maslo damo v skledo in pokrijemo s krožnikom. Pecite v mikrovalovni pečici pri polni moči približno 2–3 minute, dokler se ne stopi. Dve tretjini masla primešamo kozicam, nato pa po okusu začinimo s papriko in poprom. Z žlico razporedite v štiri posamezne lončke ali ramekine (skodelice za kremo). Enakomerno premažemo s preostankom masla. Ohladite, dokler se maslo ne strdi. Razložite na krožnike in pojejte s toastom.

Pečen polnjen jajčni avokado

Služi 4

Zanemarjen recept iz sedemdesetih, takrat pogosto izbran za lahek obrok ali izdatno predjed.

2 stebli zelene, drobno narezani
60 ml/4 žlice svežih belih drobtin
2,5 ml/½ žličke drobno naribane limonine lupinice
5 ml/1 žlička čebulne soli
2,5 ml/½ žličke paprike
45 ml/3 žlice enojne (lahke) smetane
Sveže mleti črni poper
2 srednje velika ravnokar zrela avokada
2 veliki trdo kuhani (trdo kuhani) jajci, sesekljani
20 ml/4 žličke praženih drobtin
20 ml/4 žličke stopljenega masla

Zmešajte zeleno, bele drobtine, limonino lupinico, čebulo, sol, papriko in smetano ter dodajte poper po okusu. Avokado razpolovite in odstranite peške (koščice). Izdolbite nekaj mesa, da naredite prostor za nadev, in ga grobo pretlačite. Dodajte meso mešanici drobtin z jajci. Dobro premešamo in stresemo v avokadove lupine. Razporedite na krožnik s koničastimi konci proti sredini. Potresemo s praženimi drobtinami, nato pa po vrhu pokapljamo z maslom. Pokrijte s kuhinjskim papirjem in segrevajte na polni temperaturi 4–5 minut. Jejte takoj.

Avokado, polnjen s paradižnikom in sirom

Za 2 kot glavni obrok, za 4 kot predjed

Čudovita mešanica, popolna za vegetarijance in vse druge, ki razmišljajo v tej smeri.

2 velika zrela avokada
Sok ½ limete
50 g/2 oz/1 skodelica mehkih rjavih drobtin
1 majhna čebula, drobno naribana
2 paradižnika, blanširana, olupljena in narezana
Sol in sveže mlet črni poper
50 g/2 oz/½ skodelice trdega sira, naribanega
paprika
8 praženih lešnikov

Avokado prepolovite in previdno izdolbite meso neposredno v skledo. Dodamo limetin sok in z vilicami drobno pretlačimo. Vmešajte drobtine, čebulo in paradižnik s soljo in poprom po okusu. Položite avokadove lupine in potresite s sirom in papriko. Na vsako polovico potresemo dva lešnika. Razporedite na velik krožnik s koničastimi konci proti sredini. Rahlo pokrijte s kuhinjskim papirjem in kuhajte na polni moči 5–5 minut in pol. Postrezite takoj.

Skandinavski rollmop in jabolčna solata

Služi 4

75 g/3 oz posušenih jabolčnih obročkov
150 ml/¼ pt/2/3 skodelice vode
3 rollmops s čebulo
150 ml/¼ pt/2/3 skodelice smetane za stepanje ali dvojno (težko)
smetano
Hrustljavi kruhki, za serviranje

Jabolčne kolobarje operemo, narežemo na krhlje, damo v srednje veliko skledo in prilijemo vodo. Pokrijte s krožnikom in segrevajte na polni moči 5 minut. Pustite stati 5 minut, nato temeljito odcedite. Odvijte rollmops in jih narežite na diagonalne trakove. Dodamo k jabolku s čebulo in primešamo smetano. Pokrijte in čez noč marinirajte v hladilniku. Pred serviranjem premešamo, nato razporedimo po posameznih krožnikih in postrežemo s hrustljavimi kruhki.

Rollmop in jabolčna solata s curry omako

Služi 4

Pripravite kot skandinavski Rollmop in jabolčno solato, le da smetano nadomestite s polovico majoneze in polovico crème fraîche. Po okusu začinite s curry pasto.

Listnata solata s kozjim sirom in toplim prelivom

Služi 4

12 majhnih okroglih listov solate

1 škatlica kreše

20 listov rukole

4 posamezni kozji siri

90 ml/6 žlic olja grozdnih pešk

30 ml/2 žlici lešnikovega olja

10 ml/2 žlički vode iz pomarančnih cvetov

10 ml/2 žlički dijonske gorčice

45 ml/3 žlice riževega ali jabolčnega kisa

10 ml/2 žlički železnega (superfinega) sladkorja

5 ml/1 žlička soli

Solatne liste operemo in osušimo. Krešo obrežemo, operemo in osušimo. Rukolo operemo in odcedimo. Te tri privlačno razporedite na štiri posamezne krožnike in na sredino vsakega položite sir. Vse preostale sestavine dajte v skledo in nepokrito segrevajte na odmrzovanju 3 minute. Premešajte, da se premeša, nato pa z žlico prelijte vsako solato.

Pečene paradižnikove sladice

Služi 4

4 paradižnike, blanširane, olupljene in narezane

5 ml/1 čajna žlička drobno sesekljane sveže korenine ingverja

5 ml/1 žlička drobno naribane limetine lupinice

20 ml/4 žličke želatine v prahu

750 ml/1¼ pt/3 skodelice piščančje juhe

30 ml/2 žlici paradižnikove mezge (pasta)

5 ml/1 žlička Worcestershire omake

5 ml/1 čajna žlička prahu (super finega) sladkorja

5 ml/1 žlička soli zelene

20 ml/4 žličke crème fraîche

Pražena sezamova semena, za posipanje

Sirni piškoti (krekerji), za serviranje

Paradižnik enakomerno porazdelite med štiri velike vinske kozarce, nato pa jih potresite z ingverjem in limetino lupinico. Želatino dajte v 1,5 l/2½ pt/6 skodelico skledo s 75 ml/5 žlic jušne osnove in pustite 5 minut, da se zmehča. Talite, nepokrito, na odmrzovanju približno 2 minuti. V preostalo osnovo vmešamo paradižnikovo mezgo, worcestrsko omako, sladkor in sol zelene. Nežno mešajte, dokler ni enakomerno združena, nato pa ohladite le toliko časa, da se začne rahlo gostiti. Z žlico prelijte paradižnike, nato jih ohladite, da se strdijo. Preden postrežete s sirovimi piškoti, vsakega prelijte s 5 ml/1 žličko crème fraîche in potresite s sezamovimi semeni.

Polnjeni paradižniki

Služi 4

Zvočna, a nezapletena predjed, okusna, postrežena na krogih z maslom namazanega toasta ali krogih kruha, ocvrtih (dušenih) na česnovem maslu.

6 paradižnikov
1 čebula, naribana
50 g/2 oz/1 skodelica svežih belih drobtin
5 ml/1 čajna žlička pripravljene gorčice
5 ml/1 žlička soli
15 ml/1 žlica sesekljanega drobnjaka ali peteršilja
50 g/2 oz/½ skodelice sesekljanega hladno kuhanega mesa ali perutnine, sesekljane kozice (škampi) ali nariban sir
1 majhno jajce, pretepljeno

Paradižnike razpolovite in sredice zajemite v skledo, trdo sredico pa zavrzite. Školjke obrnjene na glavo postavite na kuhinjski papir, da se odcedijo. Vse preostale sestavine dajte v skledo in dodajte paradižnikovo mezgo. Dobro premešajte z vilicami, da se zmeša, nato pa z žlico vrnite v polovice paradižnika. Razporedite v dva obroča, enega v drugem, okrog roba jedilnega krožnika. Pokrijte s kuhinjskim papirjem in kuhajte na polni moči 7 minut, krožnik pa trikrat obrnite. Postrezite vroče, na porcijo naj bodo tri polovice.

Italijanski polnjeni paradižniki

Služi 4

6 paradižnikov

75 g/3 oz/1½ skodelice svežih rjavih drobtin
175 g/6 oz/1½ skodelice sira Mozzarella, naribanega
2,5 ml/½ žličke posušenega origana
2,5 ml/½ žličke soli
10 ml/2 žlički sesekljanih listov bazilike
1 strok česna, zdrobljen
1 majhno jajce, pretepljeno

Paradižnike razpolovite in sredice zajemite v skledo, trdo sredico pa zavrzite. Školjke obrnjene na glavo postavite na kuhinjski papir, da se odcedijo. Vse preostale sestavine dajte v skledo in dodajte paradižnikovo mezgo. Dobro premešajte z vilicami, da se zmeša, nato pa z žlico vrnite v polovice paradižnika. Razporedite v dva obroča, enega v drugem, okrog roba jedilnega krožnika. Pokrijte s kuhinjskim papirjem in kuhajte na polni moči 7–8 minut ter krožnik trikrat obrnite. Postrezite toplo ali hladno, na porcijo naj bodo tri polovice.

Skodelice za paradižnikovo in piščančjo solato

Služi 4

450 ml/¾ pt/2 skodelici piščančje juhe
15 ml/1 žlica želatine v prahu
30 ml/2 žlici paradižnikove mezge (pasta)
1 majhna čebula, drobno naribana
5 ml/1 čajna žlička prahu (super finega) sladkorja
1 manjša zelena (bolgarska) paprika, narezana na drobne kocke
175 g/6 oz/1½ skodelice hladno kuhanega mesa, drobno sesekljanega
1 korenček, nariban
2 obročka ananasa v pločevinki (ni sveža, sicer se žele ne strdi)
2 trdo kuhani (trdo kuhani) jajci, naribani

Polovico juhe nalijte v posodo s prostornino 1,5 litra/2½ pt/6 skodelic. Vmešamo želatino in pustimo 5 minut, da se zmehča. Stopite, odkrito, na odmrzovanju 2–2 minuti in pol. Dodajte preostalo osnovo in dobro premešajte. Pokrijte in ohladite, dokler se ne ohladi in šele začne zgoščevati, nato pa dodajte vse preostale sestavine razen jajc. Razdelite med štiri steklene sklede in ohladite, dokler se ne strdi. Pred serviranjem potresemo z jajcem.

Sesekljano jajce in čebula

Za 4 kot predjed, za 6 kot predjed

Spektakularna vseletna judovska klasika, ki jo je najbolje jesti s hrustljavimi piškoti, kot je tradicionalni matzos. Velika prednost je kuhanje jajc v mikrovalovni pečici – brez kuhanja na pari in brez posode za pomivanje. Tukaj je predlagano maslo ali katera koli margarina, vendar bi ortodoksna skupnost uporabljala samo rastlinsko margarino.

5 trdo kuhanih (trdo kuhanih) jajc, oluščenih in drobno narezanih
40 g/1½ oz/3 žlice masla ali margarine, zmehčane
1 čebula, drobno naribana
Sol in sveže mlet črni poper
Solatni listi ali peteršilj, za okras

Sesekljana jajca zmešamo z maslom ali margarino. Primešamo čebulo in začinimo po okusu. Razložite na štiri krožnike in vsakega okrasite s solatnimi listi ali peteršiljem.

Quiche Lorraine

Služi za 4–6

Izvirni francoski quiche ali slani flan z 'družino' različic.

Za pecivo (pasta):
175 g/6 oz/1½ skodelice navadne (univerzalne) moke
1,5 ml/¼ žličke soli
100 g/3½ oz/malo ½ skodelice masla, zmešanega z margarino, belo kuhinjsko maščobo ali mastjo ali uporabite vso margarino
1 majhen rumenjak
Za nadev:
6 rezin (rezin) progaste slanine
3 jajca
300 ml/½ pt/1¼ skodelice polnomastnega mleka ali enojne (lahke) smetane
2,5 ml/½ žličke soli
Sveže mleti črni poper
Nariban muškatni oreček

Za pripravo peciva v skledo presejemo moko in sol. Vtrite maščobo, dokler zmes ne postane podobna finim krušnim drobtinam, nato z mrzlo vodo zmešajte v čvrsto testo. Zavijte v folijo in ohladite za ½–¾ ure. Prevrnemo na pomokano površino in hitro in rahlo pregnetemo, dokler ni gladko. Razvaljajte v tanek krog in z njim obložite stekleno, porcelanasto ali lončeno posodo premera 20 cm/8. Zgornji rob stisnite v drobne žlebove, nato pa vse prebodite z vilicami. Odkrito kuhajte na polni moči 6 minut, posodo dvakrat obrnite. Če je pecivo ponekod nabočeno, ga nežno potlačite z roko, zaščiteno s pečico. Vse premažite z rumenjakom in kuhajte na polni moči 1 minuto, da zaprete morebitne luknje. Pustimo stati med pripravo nadeva.

Krhlje slanine razporedite po krožniku, obloženem s kuhinjskim papirjem, pokrijte z drugim listom kuhinjskega papirja in pecite na polni moči 5 minut ter enkrat obrnite. Odcedimo in pustimo, da se nekoliko ohladi. Vsako rezino razrežite na tri dele in položite na dno pekača. Jajca stepemo z mlekom ali smetano ter po okusu začinimo s soljo in poprom. Previdno precedimo v flan čez slanino in potresemo z muškatnim oreščkom. Kuhajte odkrito na polni posodi in posodo štirikrat obrnite 10–12 minut ali dokler se po sredini ne začnejo pokati mehurčki. Pred rezanjem pustite stati 10 minut. Jejte toplo ali hladno.

Quiche s sirom in paradižnikom

Služi za 4–6

Pripravite ga kot Quiche Lorraine, le da slanino zamenjate s tremi olupljenimi in narezanimi paradižniki.

Quiche z dimljenim lososom

Služi za 4–6

Pripravite kot Quiche Lorraine, vendar slanino zamenjajte s 175 g/6 oz dimljenega lososa, narezanega na trakove.

Quiche s kozicami

Služi za 4–6

Pripravite kot Quiche Lorraine, vendar slanino zamenjajte s 175 g/6 oz/1½ skodelice sesekljanih kozic (škampov).

Špinačni Quiche

Služi za 4–6

Pripravite kot Quiche Lorraine, le da dno flancata namesto s slanino obložite s 175 g kuhane špinače, iz katere ste odcedili vso vodo. (Špinača mora biti čim bolj suha, sicer bo pecivo (pasta) razmočeno.)

Mediteranski Quiche

Služi za 4–6

Pripravite kot za Quiche Lorraine, vendar dno flancata namesto s 185 g/6½ oz/1 majhno pločevinko tune v kosmičih in njenim oljem, 12 črnimi olivami brez koščic in 20 ml/4 žličke paradižnikove mezge (paste). slanina.

Quiche s šparglji

Služi za 4–6

Pripravite kot za Quiche Lorraine, vendar slanino nadomestite s 350 g/12 oz/1 veliko pločevinko špargljev. Temeljito odcedite, prihranite šest sulic, preostanek pa sesekljajte. Uporabite za prekrivanje dna flancata. Okrasite s prihranjenimi sulicami.

Narezani orehi

Služi za 4–6

225 g/8 oz/2 skodelici orehovih polovic
50 g/2 oz/¼ skodelice masla
10 ml/2 žlički koruznega olja
5 ml/1 žlička gorčice v prahu
5 ml/1 žlička paprike
5 ml/1 žlička soli zelene
5 ml/1 žlička čebulne soli
2,5 ml/½ žličke čilija v prahu
Sol

Popečemo polovice orehov. V plitvi posodi brez pokrova segrevajte maslo in olje na polni moči 1½ minute. Dodajte oreščke in nežno premešajte z maslom in oljem, dokler se dobro ne premešata. Pustite nepokrito in kuhajte na polni moči 3–4 minute, pogosto obračajte in pozorno opazujte, da ne začnejo preveč rjaveti. Odcedimo na kuhinjskem papirju. V plastično vrečko stresite gorčico v prahu, papriko, sol zelene, čebulno sol, čili v prahu in sol po okusu. Hraniti v nepredušni posodi.

Brazilski orehi s karijem

Služi za 4–6

225 g/8 oz/2 skodelici brazilskih orehov, narezanih na debelo
50 g/2 oz/¼ skodelice masla
10 ml/2 žlički koruznega olja
20 ml/4 čajne žličke blagega, srednje vročega ali vročega curryja
Sol

Popecite brazilske orehe. V plitvi posodi brez pokrova segrevajte maslo in olje na polni moči 1½ minute. Dodajte oreščke in nežno premešajte z maslom in oljem, dokler se dobro ne premešata. Pustite nepokrito in kuhajte na polni moči 3–4 minute, pogosto obračajte in pozorno opazujte, da ne začnejo preveč rjaveti. Odcedimo na kuhinjskem papirju. V plastično vrečko stresite kari v prahu in sol po okusu. Hraniti v nepredušni posodi.

Modri sir in pecan flan

Služi za 4–6

Prefinjen dodatek k družini quichejev.

Za pecivo (pasta):
175 g/6 oz/1½ skodelice navadne (univerzalne) moke
1,5 ml/¼ žličke soli
100 g/3½ oz/malo ½ skodelice masla, zmešanega z margarino, belo kuhinjsko maščobo ali mastjo ali uporabite vso margarino
45 ml/3 žlice drobno sesekljanih orehov pekan
1 majhen rumenjak
Za nadev:
200 g/7 oz/manjka 1 skodelica polnomastnega kremnega sira
30–45 ml/2–3 žlice narezanega drobnjaka ali mlade čebule (poglavice)
125 g/4 oz/velikodušno 1 skodelica modrega sira, zdrobljenega
5 ml/1 žlička paprike
3 jajca
60 ml/4 žlice polnomastnega mleka ali enojne (lahke) smetane
Sol in sveže mlet črni poper

Za pripravo peciva v skledo presejemo moko in sol. Vtrite maščobo, dokler mešanica ne spominja na drobne drobtine, nato dodajte sesekljane oreščke. S hladno vodo zmešamo v čvrsto testo. Zavijte v folijo in ohladite za ½–¾ ure. Prevrnemo na pomokano površino in hitro in rahlo pregnetemo, dokler ni gladko. Razvaljajte v tanek krog in z njim obložite stekleno, porcelanasto ali lončeno posodo premera 20 cm/8. Zgornji rob stisnite v drobne žlebove, nato pa vse prebodite z vilicami. Odkrito kuhajte na polni moči 6 minut, posodo dvakrat obrnite. Če je pecivo ponekod nabočeno, ga nežno potlačite z roko, zaščiteno s pečico. Vse premažite z rumenjakom in kuhajte na polni moči 1 minuto, da zaprete morebitne luknje. Pustimo stati med pripravo nadeva.

Sestavine za nadev dajte v kuhinjski robot, jih po okusu začinite s soljo in poprom ter mešajte, dokler zmes ni gladka. Gladko razporedite v ohišje za pito. Kuhajte na odmrzovanju 14 minut, posodo trikrat obrnite. Pustite stati 5 minut. Jejte toplo ali hladno.

Bogata jetrna pašteta

Služi za 8–10

Odlično postrežen z vročim toastom na zabavah ali posebnih večerjah.

250 g/9 oz/velika 1 skodelica masla
1 strok česna, zdrobljen
450 g/1 lb piščančjih jeter
1,5 ml/¼ žličke naribanega muškatnega oreščka
Sol in sveže mlet črni poper

V posodo s prostornino 1,75 l/3 pt/7½ skodelice dajte 175 g/6 oz/¾ skodelice masla in 2 minuti stopite nepokrito na polni moči. Vmešaj česen. Vsak kos piščančjih jeter prebodemo s konico noža in dodamo jedi. Dobro premešamo z maslom. Pokrijte s krožnikom in kuhajte na polni moči 8 minut, dvakrat premešajte. Vmešajte muškatni orešček, nato dobro začinite po okusu. V dveh batc

Vroča in kisla rakova juha

Služi 6

Bogat prispevek iz Kitajske, užitek, ki ga lahko naredite.

1 liter/1¾ točke/4¼ skodelice perutninske juhe
225 g/7 oz/1 majhna pločevinka vodnega kostanja, grobo narezanega
225 g/7 oz/1 majhna pločevinka narezanih bambusovih poganjkov v vodi
75 g gob, narezanih na tanke rezine
150 g tofuja, narezanega na majhne kocke
175 g/6 oz/1 majhna pločevinka rakovega mesa v slanici, neodcejeno in v kosmičih
15 ml/1 žlica koruzne moke
15 ml/1 žlica vode
30 ml/2 žlici sladnega kisa
15 ml/1 žlica sojine omake
5 ml/1 žlička sezamovega olja
2,5 ml/½ žličke soli
1 veliko jajce, pretepljeno

Nalijte juho v posodo s prostornino 2 litra/3½ pt/8½ skodelice. Dodamo vsebino pločevinke vodnega kostanja in bambusovih poganjkov. Dodajte gobe in tofu ter vsebino pločevinke rakovega mesa. Mešajte. Skledo pokrijte s filmom za živila (plastično folijo) in jo dvakrat zarežite, da lahko para uhaja. Kuhajte na polni moči 15 minut. Previdno odkrijte, da preprečite opekline zaradi pare, in dobro premešajte, da se premeša. Koruzno moko gladko zmešajte z vodo in kisom, nato pa vmešajte preostale sestavine. Nežno vmešajte v juho. Pokrijte kot prej in kuhajte na polni moči 4 minute. Premešajte in pokrijte z velikim krožnikom ali pokrovom ponve. Pustite stati 2 minuti. Postrezite vroče v porcelanastih skledicah.

Enostavna orientalska juha

Za 3–4 porcije

400 ml/16 fl oz/1 velika pločevinka mulligatawny juhe
400 ml/16 fl oz/1 velika pločevinka kokosovega mleka
Sol
Čili v prahu
Sesekljan koriander (cilantro)
Popadomi, postreči

Nalijte juho in kokosovo mleko v posodo s prostornino 1,75 l/3 pt/7½ skodelice. Solimo po okusu. Odkrito segrevajte pri polni moči 7–8 minut in dvakrat premešajte. Prelijemo v tople sklede, potresemo s čilijem v prahu in koriandrom ter postrežemo s popadomi.

Juha z jetrnimi cmoki

Služi 4

50 g/2 oz/1 skodelica svežih belih drobtin
50 g/2 oz/½ skodelice piščančjih jeter, mletih (zmletih)
15 ml/1 žlica zelo drobno sesekljanega peteršilja, plus dodatek za okras
5 ml/1 žlička naribane čebule
1,5 ml/¼ žličke majarona
1,5 ml/¼ žličke soli
Sveže mleti črni poper
½ jajca, pretepenega
750 ml/1¼ točke/3 skodelice bistre goveje ali piščančje juhe ali razredčenega koncentriranega consomméja v pločevinkah

Vse sestavine, razen jušne juhe ali konsomeja, dajte v posodo za mešanje. Dobro premešamo in oblikujemo 12 majhnih polpetov. Nalijte osnovo ali consommé v globoko 1,5-litrsko posodo s 6 skodelicami in pokrijte s krožnikom. Pri polni moči segrevajte do vrenja in pustite približno 8–10 minut. Dodamo cmoke. Odkrito kuhajte 3–4 minute, dokler cmoki ne narastejo in priplavajo na vrh juhe. Prelijemo v tople sklede, potresemo z dodatnim peteršiljem in takoj postrežemo.

Korenčkova kremna juha

Služi 6

30 ml/2 žlici koruzne moke (koruznega škroba)
550 g/1¼ lb/1 velika pločevinka korenja
450 ml/¾ pt/2 skodelici hladnega mleka
7,5–10 ml/1½–2 žlički soli
300 ml/½ pt/1¼ skodelice vroče vode
60 ml/4 žlice enojne (lahke) smetane

Koruzno moko dajte v posodo s prostornino 3 litre/5¼ pt/12 skodelic. Gladko zmešamo s tekočino iz pločevinke korenja. Korenje v mešalniku ali kuhinjskem robotu zmiksajte v pire. Dodajte v skledo z mlekom in soljo. Kuhajte brez pokrova na polni moči 12 minut, dokler se ne zgosti, štirikrat ali petkrat nežno premešajte, da zagotovite gladkost. Redčimo z vročo vodo. Nalivamo v segrete sklede in v vsak del vmešamo 10 ml/2 žlički smetane.

Ohlajena juha iz korenčka in pora

Služi 6

1 velik por, narezan in temeljito opran
4 veliki korenčki, narezani na tanke rezine
3 majhne-srednje velike krompirje, narezane na majhne kocke
150 ml/¼ pt/2/3 skodelice vroče vode
600 ml/1 pt/2½ skodelice zelenjavne osnove
300 ml/½ pt/1¼ skodelice enojne (lahke) smetane
Sol in sveže mlet črni poper
Sesekljana vodna kreša

Por grobo sesekljajte. Vso zelenjavo dajte v posodo z 2 l/3½ pt/8½ skodelice z vročo vodo. Pokrijte s filmom za živila (plastično folijo) in ga dvakrat zarežite, da lahko para uhaja. Kuhajte pri polni moči 15 minut, dokler se zelenjava ne zmehča. Prenesite v mešalnik ali kuhinjski robot s tekočino iz posode in premešajte v gladek pire, po potrebi dodajte malo jušne osnove. Postrgajte v veliko skledo in vmešajte preostalo osnovo. Pokrijte in ohladite. Pred serviranjem nežno vmešamo smetano in začinimo po okusu. Nalijte v jušne skodelice in vsako potresite s krešo.

Juha s korenčkom in koriandrom

Služi 6

Pripravite kot korenčkovo kremno juho, vendar dodajte pest svežih listov koriandra v blender ali kuhinjski robot h korenju. Kremo lahko dodate kot dodatek.

Korenčkova s pomarančno juho

Služi 6

Pripravimo kot korenčkovo kremno juho, le da juhi na polovici kuhanja dodamo 10 ml/2 žlički naribane pomarančne lupinice. Vsako porcijo prelijemo s stepeno smetano, ki smo ji dodali malo Grand Marniera.

Solatna kremna juha

Služi 6

75 g/3 oz/1/3 skodelice masla ali margarine
2 čebuli, naribani
225 g/8 oz okrogle mehke zelene solate, narezane na trakove
600 ml/1 pt/2½ skodelice polnomastnega mleka
30 ml/2 žlici koruzne moke (koruznega škroba)
300 ml/½ pt/1¼ skodelice vroče vode ali zelenjavne osnove
2,5 ml/½ žličke soli

Stopite 50 g/2 oz/¼ skodelice masla ali margarine v posodi s prostornino 1,75 litra/3 pt/7½ skodelice pri odmrzovanju 2 minuti. Zmešajte čebulo in solato. Pokrijte s krožnikom in kuhajte na polni moči 3 minute in pol. Prenesite v mešalnik z eno tretjino mleka. Predelajte do gladkega pireja. Vrnite se v skledo. Koruzno moko gladko zmešamo s 60 ml/4 žlice preostalega mleka. Dodajte v juho z vsem preostalim mlekom, vročo vodo ali osnovo in soljo. Kuhajte brez pokrova na polni moči 15 minut in pogosto mešajte, da zagotovite gladkost. Postrezite v ogretih skledah, v vsako dodajte 5 ml/1 žličko masla.

Zelena pire juha

Služi za 4–6

1 velika okrogla solata
125 g/4 oz vodne kreše ali mlade špinače
1 por, samo beli del, narezan na rezine
300 ml/½ pt/1¼ skodelice vroče vode
60 ml/4 žlice koruzne moke (koruznega škroba)
300 ml/½ pt/1¼ skodelice hladnega mleka
25 g/1 oz/2 žlici masla ali margarine
Sol
Croûtons, za postrežbo

Solato in vodno krešo ali špinačo temeljito operemo in nasekljamo. Postavite v 1,5-litrsko skledo s porom in vodo. Pokrijte s filmom za živila (plastično folijo) in ga dvakrat zarežite, da lahko para uhaja. Kuhajte na polni moči 10 minut, posodo dvakrat obrnite. Pustite, da se ohladi 10 minut. Prenesite v mešalnik in stepite v gladek pire. Vrnite se v skledo. Koruzno moko gladko zmešamo z mlekom. Dodamo v skledo z maslom ali margarino in solimo po okusu. Kuhajte brez pokrova na polni moči in trikrat premešajte 8–10 minut ali dokler ni vroče in rahlo zgoščeno. Prelijemo v ogrete jušne sklede in v vsako dodamo krutone.

Juha iz pastinaka in peteršilja z vasabijem

Služi 6

S subtilnim pridihom hrena iz vasabija je to zelo izvirna juha zanimivega okusa s samo kančkom sladkosti pastinaka.

30 ml/2 žlici koruznega ali sončničnega olja
450 g pastinaka, olupljenega in narezanega
900 ml/1½ pike/3¾ skodelice dobro aromatizirane vroče zelenjavne ali piščančje juhe
10 ml/2 žlički japonskega vasabija v prahu
30 ml/2 žlici sesekljanega peteršilja
150 ml/¼ pt/2/3 skodelice enojne (lahke) smetane

Olje nalijte v posodo s prostornino 2 litra/3½ pt/8½ skodelice. Dodamo pastinak. Pokrijte s filmom za živila (plastično folijo) in ga dvakrat zarežite, da lahko para uhaja. Kuhajte na polni moči 7 minut, posodo dvakrat obrnite. Dodajte osnovo in wasabi v prahu. Pokrijte s krožnikom in kuhajte na polni moči 6 minut. Pustite, da se rahlo ohladi, nato pa v mešalniku pretlačite do gladkega. Vrnite se v skledo. Vmešajte peteršilj. Pokrijte kot prej in kuhajte pri polni moči 5 minut. Vmešamo smetano in postrežemo.

Juha iz sladkega krompirja

Služi 6

Pripravite kot pastinakovo in peteršiljevo juho z vasabijem, vendar pastinak nadomestite z narezanim sladkim krompirjem z oranžnim mesom.

Kremna zelenjavna juha

Služi za 4–6

Zelo uporabna juha – uporabite poljubno kombinacijo zelenjave, ki jo imate na voljo.

450 g mešane sveže zelenjave
1 čebula, sesekljana
25 g/1 oz/2 žlici masla ali margarine ali 30 ml/2 žlici sončničnega olja
175 ml/6 fl oz/¾ skodelice vode
450 ml/¾ pt/2 skodelici mleka ali mešanice mleka in vode
15 ml/1 žlica koruzne moke (koruznega škroba)
2,5 ml/½ žličke soli
Sesekljan peteršilj

Zelenjavo pripravimo glede na vrsto in jo narežemo na majhne koščke. Dajte v posodo s prostornino 2 litra/3½ pt/8½ skodelice s čebulo, maslom, margarino ali oljem in 30 ml/2 žlici vode. Pokrijte s krožnikom in kuhajte na polni moči 12–14 minut, dokler se ne zmehča, in štirikrat premešajte. Pasirajte do gladkega v mešalniku. Vrnite se v skledo s tremi četrtinami mleka ali mleka in vode. Koruzno moko gladko zmešamo s preostalo tekočino in dodamo v skledo s soljo. Kuhajte brez pokrova na polni moči 6 minut in štirikrat premešajte. Nalijte v jušne sklede in vsako potresite s peteršiljem.

Juha iz zelenega graha

Služi za 4–6

Pripravite kot kremno zelenjavno juho, vendar mešano zelenjavo in čebulo nadomestite s 450 g/1 lb zamrznjenega vrtnega graha. Namesto peteršilja rahlo okrasite s sesekljano meto.

Bučna juha

Služi za 4–6

Pripravite kot kremno zelenjavno juho, vendar mešano zelenjavo in čebulo nadomestite s 450 g/1 lb olupljenih in na kocke narezanih bučk (bučk), kostnega mozga, buče, maslene ali turban buče. Vsako porcijo namesto peteršilja potresemo z naribanim muškatnim oreščkom.

Kremna gobova juha

Služi za 4–6

Pripravite kot zelenjavno kremno juho, le da mešano zelenjavo in čebulo nadomestite z gobami.

Kremna bučna juha

Služi za 6–8

Večinoma za noč čarovnic, vendar je juha čudovita ohlajena, zato zamrznite morebitne ostanke ali pripravite dodatno serijo, medtem ko je sezona buč, in jo hranite za začetek poletja.

1,75 kg/4 lb sveže buče, v kosu ali cele
2 čebuli, grobo sesekljani
15–20 ml/3–4 žličke soli
600 ml/1 pt/2½ skodelice polnomastnega mleka
15 ml/1 žlica koruzne moke (koruznega škroba)
30 ml/2 žlici hladne vode
2,5 ml/½ žličke naribanega muškatnega oreščka
Croûtons, za postrežbo (neobvezno)

Bučo narežemo na kolesca kot melono. Odstranimo semena in jih operemo ter osušimo. Razporedite na krožnik v eni plasti. Rahlo pražite, nepokrito, na polni moči 4 minute. Pustite, da se ohladi, nato odprite lupine in odstranite notranja semena. Rezerva. Bučo olupimo in meso narežemo na precej velike kocke. Dajte v veliko skledo s čebulo in dobro premešajte. Tesno pokrijte s filmom za živila (plastično folijo), vendar ne režite. Kuhajte na polni moči 30 minut in posodo štirikrat obrnite. Odstranite iz pečice in pustite stati 10 minut. Zmešajte bučo, čebulo in tekočino za kuhanje v pire v več serijah v mešalniku ali kuhinjskem robotu. Vrnite se v skledo. Vmešajte sol in mleko. Koruzno moko gladko zmešamo z vodo in dodamo pireju z muškatnim oreščkom. Ponovno segrevajte nepokrito na polni moči 7 minut, vsako minuto mešajte.

Porova juha

Služi za 6–8

4 porcije piščanca
4 por, grobo narezan
1,25 litra/2¼ pt/5½ skodelic vroče vode
10 ml/2 žlički soli
1 šopek garni vrečka
50 g/2 oz/¼ skodelice enostavno skuhanega dolgozrnatega riža
12 izkoščičenih (razkoščičenih) suhih sliv

Piščanca operemo in položimo v globok pekač premera 20 cm/8 premera (nizozemska pečica). Dodamo por. Pokrijte s filmom za živila (plastično folijo) in ga dvakrat zarežite, da lahko para uhaja. Kuhajte na polni moči 12 minut. Piščanca dvignemo iz posode, odstranimo meso od kosti in ga narežemo na grižljaje. Rezerva. Vodo nalijte v drugo veliko posodo. Dodamo sol in garnituro z rižem, porom in tekočino iz enolončnice. Pokrijte s krožnikom in kuhajte na polni moči 18 minut. Vmešajte piščanca in suhe slive. Pokrijte kot prej in kuhajte še 3 minute. Jejte, ko je zelo vroče.

Škotska juha

Služi 6

30 ml/2 žlici bisernega ječmena
225 g vratu jagnječjega fileja, narezanega na grižljaj velike kocke
1,2 litra/2 pts/5 skodelic vroče vode
1 velika čebula, sesekljana
1 korenček, narezan na majhne kocke
1 manjša repa, narezana na majhne kocke
1 manjši por, nastrgan
Sol in sveže mlet črni poper
Sesekljan peteršilj

Ješprenj za 4 ure namočite v 75 ml/5 žlic hladne vode. Odtok. Jagnjetino postavite v posodo s prostornino 2,25 l/4 pt/10 skodelic. Dodamo vrelo vodo in ječmen. Pokrijte s krožnikom in kuhajte na polni moči 4 minute. posneto. Dodamo pripravljeno zelenjavo ter po okusu solimo in popramo. Pokrijte kot prej in kuhajte pri polni moči 25–30 minut, dokler se ječmen ne zmehča. Pustite stati 5 minut. Nalijte v ogrete jušne sklede in vsako na gosto potresite s peteršiljem.

Izraelska piščančja in avokadova juha

Služi za 4–5

900 ml/1½ kocke/3¾ skodelice dobro aromatizirane piščančje juhe
1 velik zrel avokado, olupljen in izkoščičen
30 ml/2 žlici svežega limoninega soka

Piščančjo osnovo nalijte v posodo s prostornino 1,5 l/2½ pt/6 skodelic. Pokrijte s krožnikom in segrevajte na polni moči 9 minut. Meso avokada z limoninim sokom pretlačite v grob pire. Vmešamo v vročo osnovo. Pokrijte kot prej in ponovno segrevajte pri polni moči 1 minuto. Postrezite toplo.

Avokadova juha z rdečo peso

Služi za 4–5

Pripravite kot izraelsko piščančjo in avokadovo juho in vsako porcijo okrasite s 7,5 ml/1½ žličke naribane kuhane rdeče pese.

Bortsch

Služi 6

450 g/1 lb surove rdeče pese (rdeča pesa)
75 ml/5 žlic vode
1 večji korenček, olupljen in nariban
1 manjša repa, olupljena in naribana
1 čebula, olupljena in naribana
750 ml/1¼ točke/3 skodelice vroče goveje ali zelenjavne juhe
125 g/4 oz belega zelja, narezanega
15 ml/1 žlica limoninega soka
5 ml/1 žlička soli
Sveže mleti črni poper
90 ml/6 žlic kisle (mlečne kisle) smetane

Rdečo peso temeljito operemo, vendar pustimo neolupljeno. Postavite v plitvo posodo s premerom 20 cm/8 v eno plast z vodo. Pokrijte s filmom za živila (plastično folijo) in ga dvakrat zarežite, da lahko para uhaja. Kuhajte na polni moči 15 minut. Korenček, ogrščico in čebulo položite v 2-litrsko posodo s prostornino 3½ pt/8½ skodelice. Rdečo peso odcedimo in olupimo ter narežemo. Dodajte v skledo zelenjave s 150 ml/¼ pt/2/3 skodelice jušne osnove. Pokrijte kot prej in kuhajte pri polni moči 10 minut. Primešamo preostalo osnovo in vse preostale sestavine razen kisle smetane, začinimo po okusu. Pokrijte s krožnikom in kuhajte na polni moči 10 minut, štirikrat premešajte.

Prelijemo v ogrete jušne sklede in vsako prelijemo s 15 ml/1 žlico kisle smetane.

Hladni Bortsch

Služi 6

Pripravimo kot borč in pustimo, da se ohladi. Hladno precedite. Dodajte 150 ml/¼ pt/2/3 skodelice hladne vode in 1 veliko kuhano rdečo peso, grobo narezano. Pustite stati 15 minut. Ponovno precedite. Po okusu naostrite z dodatnim limoninim sokom. Pred serviranjem hladite nekaj ur.

Kremni hladni borč

Služi 6

Pripravite kot za hladen borč. Po drugem pasiranju zmešajte v mešalniku ali kuhinjskem robotu z 250 ml/8 fl oz/1 skodelico polmastne crème fraîche. Ohladite se.

Juha iz pomarančne leče

Služi za 4–5

125 g/4 oz/½ skodelice oranžne leče
1 velika čebula, naribana
1 večji korenček, nariban
½ majhne repe, naribane
1 krompir, nariban
20 ml/4 žličke masla ali margarine
5 ml/1 žlička koruznega ali sončničnega olja
30 ml/2 žlici sesekljanega peteršilja, plus dodatek za okras
900 ml/1½ kocke/3¾ skodelice vroče piščančje ali zelenjavne osnove
Sol in sveže mlet črni poper

Lečo operemo in odcedimo. Zelenjavo, maslo ali margarino in olje dajte v posodo s prostornino 2 litra/3½ pt/8½ skodelice. Dodajte peteršilj. Kuhajte brez pokrova na polni moči 5 minut in trikrat premešajte. Primešamo lečo in tretjino vroče jušne osnove. Začinimo po okusu. Pokrijte s filmom za živila (plastično folijo) in ga dvakrat zarežite, da lahko para uhaja. Kuhajte na polni moči 10 minut, dokler se leča ne zmehča. (Če ni, kuhajte še 5–6 minut.) Prenesite v mešalnik ali kuhinjski robot in premešajte v grob pire. Vrnite se v skledo s preostalo osnovo. Pokrijte s krožnikom in ponovno segrevajte pri polni moči 6 minut ter trikrat premešajte. Postrezite takoj, vsako porcijo pa potresite z dodatnim peteršiljem.

Pomarančna juha iz leče s sirom in popečenimi indijskimi oreščki

Služi za 4–5

Pripravite kot juho iz pomarančne leče, vendar po končnem pogrevanju vmešajte 60 ml/4 žlice naribanega edamskega sira in 60 ml/4 žlice grobo sesekljanih praženih indijskih oreščkov.

Lečina juha s paradižnikovim okrasom

Služi za 4–5

Pripravite kot juho iz pomarančne leče, le da namesto s peteršiljem vsako porcijo prelijete s 5 ml/1 čajno žličko sušenega paradižnika, nato pa vanjo položite rezino svežega paradižnika.

Rumena grahova juha

Služi za 6–8

Švedska različica grahove juhe, ki jo na Švedskem jedo vsak četrtek. Običajno sledijo palačinke in marmelada.

350 g/12 oz/1½ skodelice rumenega zdrobljenega graha, opranega
900 ml/1½ kozarca/3¾ skodelice hladne vode
5 ml/1 žlička majarona
1 pršutova kost, približno 450–500 g/1 lb
750 ml/1¼ dl/3 skodelice vroče vode
5–10 ml/1–2 žlički soli

Zdrobljen grah dajte v skledo za mešanje. Dodajte hladno vodo. Pokrijte s krožnikom in kuhajte na polni moči 6 minut. Pustite stati 3 ure. Prenesite grah in vodo za namakanje v posodo s prostornino 2,5 l/4½ pt/11 skodelic. Primešamo majaron in dodamo pršutovo kost. Pokrijte s filmom za živila (plastično folijo) in ga dvakrat zarežite, da lahko para uhaja. Kuhajte pri polni moči 30 minut. Vmešajte polovico vrele vode. Pokrijte kot prej in kuhajte na polni temperaturi še 15 minut. Odstranite kost. Meso odstranimo s kosti in ga narežemo na majhne koščke. Vrnite v juho s preostalo vrelo vodo. Po okusu začinimo s soljo. Dobro premešamo. Pokrijte s krožnikom in ponovno segrevajte na polni moči 3 minute. Juho lahko po želji razredčite z dodatno vrelo vodo.

Francoska čebulna juha

Služi 6

30 ml/2 žlici masla, margarine ali sončničnega olja
4 čebule, tanko narezane in ločene na kolobarje
20 ml/4 žličke koruzne moke (koruznega škroba)
900 ml/1½ pike/3¾ skodelice vroče goveje juhe ali consomméja
Sol in sveže mlet črni poper
6 rezin francoskega kruha, diagonalno narezanih
90 ml/6 žlic naribanega sira Gruyère (švicarski) ali Jarlsberg
paprika

Maslo, margarino ali olje dajte v posodo s prostornino 2 litra/3½ pt/8½ skodelice. Segrevajte nepokrito na polni moči 2 minuti. V posodo stresemo čebulne kolobarje. Kuhajte brez pokrova na polni moči 5 minut. Vmešamo koruzno moko. Postopoma primešamo polovico vroče juhe. Posodo pokrijemo s filmom za živila (plastično folijo) in jo dvakrat zarežemo, da lahko para uhaja. Kuhajte na polni moči 30 minut in posodo štirikrat obrnite. Primešajte preostalo osnovo in začinite po okusu. Dobro premešamo. Juho nalijemo v šest skled in v vsako dodamo rezino kruha. Potresemo s sirom in papriko. Vsako skledo posebej vrnite v mikrovalovno pečico in segrevajte pri polni moči 1½ minute, dokler se sir ne stopi in začne brbotati. Jejte takoj.

Minestrone

Služi za 8–10

350 g/12 oz bučk (bučk), na tanke rezine
225 g/8 oz korenja, narezanega na tanke rezine
225 g/8 oz čebule, grobo sesekljane
125 g/4 oz belega zelja, narezanega
125 g/4 oz zelenega zelja, narezanega
3 stebla zelene, na tanke rezine
3 krompirji, narezani na kocke
125 g/4 oz/1 skodelica svežega ali zamrznjenega graha
125 g/4 oz svežega ali zamrznjenega narezanega stročjega fižola
400 g/14 oz/1 velika pločevinka paradižnika
30 ml/2 žlici paradižnikove mezge (pasta)
50 g/2 oz makaronov, nalomljenih na kratke kose
1 liter/1¾ pts/4¼ skodelice vroče vode
15–20 ml/3–4 žličke soli
100 g/3½ oz/1 skodelica naribanega parmezana

Vso pripravljeno zelenjavo dajte v posodo s prostornino 3,5 l/6 pt/15 skodelic. Vmešajte preostale sestavine, razen vode in soli, ter z leseno žlico razdrobite paradižnik ob steno sklede. Pokrijte z velikim krožnikom in kuhajte na polni moči 15 minut ter trikrat premešajte.

Vmešajte približno tri četrtine vrele vode. Pokrijte kot prej in kuhajte pri polni moči 25 minut ter štirikrat ali petkrat premešajte. Odstranite iz mikrovalovne pečice. Primešajte preostalo vodo in sol po okusu. Če se zdi juha pregosta, jo razredčite z dodatno vrelo vodo. Nalijte v globoke sklede in postrezite s parmezanom, ki ste ga dali posebej.

Minestrone Genovese

Služi za 8–10

Pripravite kot mineštro, vendar pred serviranjem vmešajte 30 ml/2 žlici že pripravljenega zelenega pesta.

Italijanska krompirjeva juha

Služi za 4–5

1 velika čebula, sesekljana
30 ml/2 žlici oljčnega ali sončničnega olja
4 veliki krompirji
1 majhna kuhana pršutova kost
1,25 litra/2¼ pts/5½ skodelic vroče piščančje juhe
Sol in sveže mlet črni poper
60 ml/4 žlice enojne (lahke) smetane
Nariban muškatni oreček
30 ml/2 žlici sesekljanega peteršilja

Čebulo in olje dajte v posodo s prostornino 2,25 l/4 pt/10 skodelic. Kuhajte brez pokrova na odmrzovanju 5 minut in dvakrat premešajte. Medtem olupimo in naribamo krompir. Premešamo s čebulo in dodamo pršutovo kost, vročo osnovo ter sol in poper po okusu. Pokrijte s krožnikom in kuhajte na polni moči 15–20 minut, dvakrat premešajte, dokler se krompir ne zmehča. Primešamo smetano, nalijemo v jušne sklede ter potresemo z muškatnim oreščkom in peteršiljem.

Juha iz svežega paradižnika in zelene

Služi za 6–8

900 g/2 lb zrelih paradižnikov, blanširanih, oluščenih in na četrtine narezanih

50 g/2 oz/¼ skodelice masla ali margarine ali 30 ml/2 žlici oljčnega olja

2 stebli zelene, drobno narezani

1 velika čebula, drobno sesekljana

30 ml/2 žlici temnega mehkega rjavega sladkorja

5 ml/1 žlička sojine omake

2,5 ml/½ žličke soli

300 ml/½ pt/1¼ skodelice vroče vode

30 ml/2 žlici koruzne moke (koruznega škroba)

150 ml/¼ pt/2/3 skodelice hladne vode

Srednji šeri

Paradižnik pretlačite v mešalniku ali kuhinjskem robotu. Maslo, margarino ali olje dajte v posodo s prostornino 1,75 l/3 pt/7½ skodelice. Segrevajte pri polni moči 1 minuto. Zmešajte zeleno in čebulo. Pokrijte s krožnikom in kuhajte na polni moči 3 minute. Dodamo pasiran paradižnik, sladkor, sojino omako, sol in vročo vodo. Pokrijte kot prej in kuhajte na polni moči 8 minut ter štirikrat premešajte. Medtem gladko zmešamo koruzno moko s hladno vodo. Vmešamo v juho. Kuhajte brez pokrova na polni moči 8 minut in štirikrat premešajte. Nalijte v jušne sklede in v vsako dodajte kanček šerija.

Paradižnikova juha z avokadovim prelivom

Služi 8

2 zrela avokada
Sok 1 majhne limete
1 strok česna, zdrobljen
30 ml/2 žlici gorčične majoneze
45 ml/3 žlice crème fraîche
5 ml/1 žlička soli
Ščepec kurkume
600 ml/20 fl oz/2 pločevinki kondenzirane paradižnikove juhe
600 ml/1 pt/2½ skodelice tople vode
2 paradižnika, blanširana, olupljena, brez semen in na četrtine

Avokado olupimo in prepolovimo, odstranimo peške (koščice). Meso drobno pretlačite, nato ga zmešajte z limetinim sokom, česnom, majonezo, crème fraîche, soljo in kurkumo. Pokrijte in ohladite, dokler ni potrebno. Obe pločevinki juhe nalijte v posodo s prostornino 1,75 l/3 pt/7½ skodelice. Nežno vmešajte vodo. Paradižnikovo meso narežemo na trakove in dve tretjini dodamo juhi. Posodo pokrijte s krožnikom in kuhajte na polni moči 9 minut, da se zelo segreje, štirikrat ali petkrat premešajte. Nalijte v jušne sklede in v vsako dodajte merico avokadovega preliva. Okrasite s preostalimi trakovi paradižnika.

Ohlajena juha s sirom in čebulo

Služi za 6–8

25 g/1 oz/2 žlici masla ali margarine
2 čebuli, sesekljani
2 stebli zelene, drobno narezani
30 ml/2 žlici navadne (univerzalne) moke
900 ml/1½ pike/3¾ skodelice tople piščančje ali zelenjavne juhe
45 ml/3 žlice suhega belega vina ali belega portovca
Sol in sveže mlet črni poper
125 g/4 oz/1 skodelica modrega sira, zdrobljenega
125 g/4 oz/1 skodelica sira čedar, nariban
150 ml/¼ pt/2/3 skodelice smetane za stepanje
Drobno sesekljan žajbelj, za okras

Maslo ali margarino dajte v posodo s prostornino 2,25 l/4 pt/10 skodelic. Stopite, nepokrito, na odmrzovanju 1½ minute. Zmešajte čebulo in zeleno. Pokrijte s krožnikom in kuhajte na polni moči 8 minut. Odstranite iz mikrovalovne pečice. Vmešajte moko, nato postopoma primešajte jušno osnovo in vino ali portovec. Pokrijte kot prej in kuhajte na polni moči 10–12 minut, vsake 2–3 minute mešajte, dokler juha ni gladka, zgoščena in vroča. Začinimo po okusu. Dodajte sire in mešajte, dokler se ne stopijo. Pokrijte in pustite, da se ohladi, nato pa ohlajajte nekaj ur ali čez noč. Pred serviranjem premešamo in nežno vmešamo smetano. Nalijte v skodelice ali sklede in vsako rahlo potresite z žajbljem.

Sirna juha na švicarski način

Služi za 6–8

25 g/1 oz/2 žlici masla ali margarine
2 čebuli, sesekljani
2 stebli zelene, drobno narezani
30 ml/2 žlici navadne (univerzalne) moke
900 ml/1½ pike/3¾ skodelice tople piščančje ali zelenjavne juhe
45 ml/3 žlice suhega belega vina ali belega portovca
5 ml/1 žlička kuminih semen
1 strok česna, zdrobljen
Sol in sveže mlet črni poper
225 g/8 oz/2 skodelici sira Emmental ali Gruyère (švicarski), nariban
150 ml/¼ pt/2/3 skodelice smetane za stepanje
Kroutoni

Maslo ali margarino dajte v posodo s prostornino 2,25 l/4 pt/10 skodelic. Stopite, nepokrito, na odmrzovanju 1½ minute. Zmešajte čebulo in zeleno. Pokrijte s krožnikom in kuhajte na polni moči 8 minut. Odstranite iz mikrovalovne pečice. Vmešajte moko, nato postopoma primešajte jušno osnovo in vino ali portovec. Vmešajte kumino in česen. Pokrijte kot prej in kuhajte na polni moči 10–12 minut, vsake 2–3 minute mešajte, dokler juha ni vroča, gladka in zgoščena. Začinimo po okusu. Dodajte sir in mešajte, dokler se ne stopi. Vmešamo v smetano. Nalijte v skodelice ali sklede in postrezite vroče, okrašeno s krutoni.

Avgolemono juha

Služi 6

1,25 litra/2¼ pts/5½ skodelic vroče piščančje juhe
60 ml/4 žlice rižotnega riža
Sok 2 limon
2 veliki jajci
Sol in sveže mlet črni poper

Nalijte osnovo v globoko posodo s prostornino 1,75 l/3 pt/7½ skodelice. Vmešajte riž. Pokrijte s krožnikom in kuhajte na polni moči 20–25 minut, dokler se riž ne zmehča. Temeljito stepite limonin sok in jajca v jušni ponvi ali drugem velikem servirnem krožniku. Nežno vmešajte osnovo in riž. Pred serviranjem začinimo po okusu.

Kumarična kremna juha s pastisom

Služi za 6–8

900 g/2 lb kumare, olupljene
45 ml/3 žlice masla ali margarine
30 ml/2 žlici koruzne moke (koruznega škroba)
600 ml/1 pt/2½ skodelice piščančje ali zelenjavne osnove
300 ml/½ pt/1¼ skodelice smetane za stepanje
7,5–10 ml/1½–2 žlički soli
10 ml/2 žlički Pernod ali Ricard (pastis)
Sveže mleti črni poper
Sesekljan koper (plevel kopra)

Kumaro zelo tanko narežite s strgalnikom ali rezalno ploščo kuhinjskega robota. Postavite v skledo, pokrijte in pustite stati 30 minut, da nekaj vlage izteče. Čim bolj suho ožemite v čisto kuhinjsko krpo (krpo za posodo). Maslo ali margarino dajte v posodo s prostornino 2,25 l/4 pt/10 skodelic. Stopite, nepokrito, na odmrzovanju

1½ minute. Vmešajte kumare. Pokrijte s krožnikom in kuhajte na polni moči 5 minut ter trikrat premešajte. Koruzno moko gladko zmešamo z malo jušne mase, nato dodamo še preostalo juho. Postopoma vmešamo v kumare. Kuhajte brez pokrova na polni moči približno 8 minut in trikrat ali štirikrat premešajte, dokler juha ni vroča, gladka in zgoščena. Dodamo smetano, sol in pastis ter dobro premešamo. Ponovno segrevajte nepokrito na polni moči 1–1½ minute. Po okusu začinimo s poprom.

Curry juha z rižem

Služi 6

Prijetno blaga anglo-indijska piščančja juha.

30 ml/2 žlici arašidovega ali sončničnega olja

1 velika čebula, sesekljana

3 stebla zelene, drobno narezana

15 ml/1 žlica blagega curryja

30 ml/2 žlici srednje suhega sherryja

1 liter/1¾ točke/4¼ skodelice piščančje ali zelenjavne osnove

125 g/4 oz/½ skodelice dolgozrnatega riža

5 ml/1 žlička soli

15 ml/1 žlica sojine omake

175 g/6 oz/1½ skodelice kuhanega piščanca, narezanega na trakove

Gost navadni jogurt ali crème fraîche za serviranje

Olje nalijte v posodo s prostornino 2,25 litra/4 pt/10 skodelic. Segrevajte nepokrito na polni moči 1 minuto. Dodajte čebulo in zeleno. Kuhajte brez pokrova na polni moči 5 minut in enkrat premešajte. Zmešajte curry v prahu, šeri, osnovo, riž, sol in sojino omako. Pokrijte s krožnikom in kuhajte na polni moči 10 minut, dvakrat premešajte. Dodajte piščanca. Pokrijte kot prej in kuhajte pri polni moči 6 minut. Nalijte v sklede in vsako prelijte s kozico jogurta ali kremšnite.

Vichyssoise

Služi 6

Vrhunska in ohlajena različica porove in krompirjeve juhe, ki jo je izumil ameriški kuhar Louis Diat v začetku dvajsetega stoletja.

2 pora
350 g/12 oz krompirja, olupljenega in narezanega
25 g/1 oz/2 žlici masla ali margarine
30 ml/2 žlici vode
450 ml/¾ pt/2 skodelici mleka
15 ml/1 žlica koruzne moke (koruznega škroba)
150 ml/¼ pt/2/3 skodelice hladne vode
2,5 ml/½ žličke soli
150 ml/¼ pt/2/3 skodelice enojne (lahke) smetane
Narezan drobnjak, za okras

Por obrežite in odrežite večino zelene. Preostanek razrežite in temeljito operite. Narežite na debelo. Postavite v posodo s prostornino 2 litra/3½ pt/8½ skodelice s krompirjem, maslom ali margarino in vodo. Pokrijte s krožnikom in kuhajte na polni moči 12 minut, štirikrat premešajte. Prenesite v mešalnik, dodajte mleko in stepite v pire. Vrnite se v posodo. Koruzno moko gladko zmešamo z vodo in dodamo jedi. Po okusu začinimo s soljo. Kuhajte brez pokrova na polni moči 6 minut in stepajte vsako minuto. Pustite, da se ohladi. Vmešamo smetano. Pokrijte in temeljito ohladite. Nalijte v sklede in vsako porcijo potresite z drobnjakom.

Ohlajena kumarična juha z jogurtom

Služi za 6–8

25 g/1 oz/2 žlici masla ali margarine
1 velik strok česna
1 kumara, olupljena in grobo naribana
600 ml/1 pt/2½ skodelice navadnega jogurta
300 ml/½ pt/1¼ skodelice mleka
150 ml/¼ pt/2/3 skodelice hladne vode
2,5–10 ml/½–2 žlički soli
Sesekljana meta, za okras

Maslo ali margarino dajte v posodo s prostornino 1,75 l/3 pt/7½ skodelice. Segrevajte nepokrito na polni moči 1 minuto. Strite česen in dodajte kumaro. Kuhajte brez pokrova na polni moči 4 minute in dvakrat premešajte. Odstranite iz mikrovalovne pečice. Vmešajte vse preostale sestavine. Pokrijte in ohladite nekaj ur. Nalijte v sklede in vsako porcijo potresite z meto.

Ohlajena špinačna juha z jogurtom

Služi za 6–8

25 g/1 oz/2 žlici masla ali margarine
1 velik strok česna
450 g/1 lb listov mlade špinače, narezanih
600 ml/1 pt/2½ skodelice navadnega jogurta
300 ml/½ pt/1¼ skodelice mleka
150 ml/¼ pt/2/3 skodelice hladne vode
2,5–10 ml/½–2 žlički soli
Sok 1 limone
Nariban muškatni oreščustek ali mleti orehi, za okras

Maslo ali margarino dajte v posodo s prostornino 1,75 l/3 pt/7½ skodelice. Segrevajte nepokrito na polni moči 1 minuto. Strite česen in dodajte špinačo. Kuhajte brez pokrova na polni moči 4 minute in dvakrat premešajte. Odstranite iz mikrovalovne pečice. V mešalniku ali kuhinjskem robotu zmešajte v grob pire. Vmešajte vse preostale sestavine. Pokrijte in ohladite nekaj ur. Nalijte v sklede in vsako porcijo potresite z muškatnim oreščkom ali mletimi orehi.

Ohlajena paradižnikova juha s šerijem

Služi za 4–5

300 ml/½ pt/1¼ skodelice vode
300 ml/10 fl oz/1 pločevinka kondenzirane paradižnikove juhe
30 ml/2 žlici suhega šerija
150 ml/¼ pt/2/3 skodelice dvojne (težke) smetane
5 ml/1 žlička Worcestershire omake
Narezan drobnjak, za okras

Vodo nalijte v posodo s prostornino 1,25 litra/2¼ pt/5½ skodelice in nepokrito segrevajte pri polni moči 4–5 minut, dokler ne začne brbotati. Vmešajte paradižnikovo juho. Ko je masa popolnoma gladka, temeljito vmešajte preostale sestavine. Pokrijte in ohladite 4–5 ur. Premešamo, nalijemo v steklene posodice in vsako potresemo z drobnjakom.

Ribja juha iz Nove Anglije

Služi za 6–8

Clam Chowder, ki ga v Severni Ameriki vedno postrežejo za nedeljski zajtrk, je ultimativna klasika, a ker školjk ni tako enostavno dobiti, so jo nadomestile bele ribe.

5 progastih rezin slanine, grobo narezanih

1 velika čebula, olupljena in naribana

15 ml/1 žlica koruzne moke (koruznega škroba)

30 ml/2 žlici hladne vode

450 g/1 lb krompirja, narezanega na 1 cm/½ kocke

900 ml/1½ kocke/3¾ skodelice vročega polnomastnega mleka

450 g/lb čvrstih filejev bele ribe, oluščenih in narezanih na grižljaj velike kose

2,5 ml/½ žličke mletega muškatnega oreščka

Sol in sveže mlet črni poper

Slanino položite v posodo s prostornino 2,5 l/4½ pt/11 skodelic. Dodajte čebulo in kuhajte nepokrito na polni moči 5 minut. Koruzno moko gladko zmešamo z vodo in vmešamo v skledo. Vmešajte krompir in polovico vročega mleka. Kuhajte brez pokrova na polni moči 6 minut in trikrat premešajte. Vmešajte preostalo mleko in kuhajte nepokrito na polni moči 2 minuti. Dodajte ribe z muškatnim oreščkom in začinite po okusu. Pokrijte s krožnikom in kuhajte na polni moči 2 minuti, dokler se riba ne zmehča. (Ne skrbite, če se je riba začela luščiti.) Prelijte v globoke sklede in takoj pojejte.

Rakova juha

Služi 4

25 g/1 oz/2 žlici nesoljenega (sladkega) masla
20 ml/4 žličke navadne (univerzalne) moke
300 ml/½ pt/1¼ skodelice segretega polnomastnega mleka
300 ml/½ pt/1¼ skodelice vode
2,5 ml/½ čajne žličke angleške gorčice
Kanček omake s feferoni
25 g/1 oz/¼ skodelice sira čedar, nariban
175 g/6 oz svetlega in temnega rakovega mesa
Sol in sveže mlet črni poper
45 ml/3 žlice suhega šerija

Maslo dajte v posodo s prostornino 1,75 l/3 pt/7½ skodelice. Talite pri odmrzovanju 1–1½ minute. Vmešamo moko. Kuhajte brez pokrova na polni moči 30 sekund. Postopoma vmešamo mleko in vodo. Kuhajte nepokrito na polni moči 5–6 minut, dokler se ne zgosti in stepa vsako minuto. Vmešajte vse preostale sestavine. Kuhajte brez pokrova na polni moči 1½–2 minuti, dvakrat premešajte, dokler ni vroče.

Juha z rakci in limono

Služi 4

Pripravite kot rakovo juho, le da preostalim sestavinam dodate 5 ml/1 žličko drobno naribane limonine lupinice. Vsako porcijo potresemo z malo naribanega muškatnega oreščka.

Jastogov biskvit

Služi 4

Pripravite kot rakovo juho, le da mleko nadomestite z eno samo (lahko) smetano, rakovo meso pa nasekljano jastogovo meso.

Posušena juha v paketu

Vsebino paketa stresite v posodo s prostornino 1,25 litra/2¼ pt/5½ skodelice. Postopoma vmešajte priporočeno količino hladne vode.

Pokrijemo in pustimo stati 20 minut, da se zelenjava zmehča. Mešajte. Pokrijemo s krožnikom in kuhamo na polni moči 6–8 minut, dvakrat premešamo, dokler juha ne zavre in se zgosti. Pustite stati 3 minute. Premešamo in postrežemo.

Kondenzirana juha v pločevinkah

Juho nalijte v 1,25 l/2¼ pt/5½ skodelice merilni vrč. Dodajte 1 pločevinko vrele vode in temeljito premešajte. Pokrijte s krožnikom ali krožnikom in segrevajte na polni moči 6–7 minut, dvakrat mešajte, dokler juha ravno ne zavre. Prelijemo v posodice in postrežemo.

Pogrevanje juh

Za uspešne rezultate pogrejte bistre ali redke juhe na polnih ter kremne juhe in juhe na odmrzovanju.

Segrevanje jajc za kuhanje

Neprecenljivo, če se v zadnjem trenutku odločite za peko in potrebujete jajca na sobni temperaturi.

Za 1 jajce: jajce razbijte v majhno posodo ali skodelico. Rumenjak dvakrat prebodemo z nabodalom ali konico noža, da kožica ne poči in rumenjak eksplodira. Posodo ali skodelico pokrijemo s krožničkom. Ogrevajte pri odmrzovanju 30 sekund.

Za 2 jajci: kot za 1 jajce, vendar toplo 30–45 sekund.

Za 3 jajca: kot za 1 jajce, vendar toplo 1–1¼ minut.

Poširana jajca

Te je najbolje kuhati posamezno v svojih jedeh.

Za 1 jajce: v plitvo posodo nalijte 90 ml/6 žlic vroče vode. Dodajte 2,5 ml/½ čajne žličke blagega kisa, da preprečite belo širjenje. Previdno potisnite 1 jajce, ki ga najprej razbijete v skodelico. Rumenjak dvakrat preluknjamo z nabodalom ali noževo konico. Pokrijte s krožnikom in kuhajte na polni moči 45 sekund–1¼ minute, odvisno od tega, kako čvrste beljake želite. Pustite stati 1 minuto. Dvignite iz posode z naluknjano ribjo rezino.

Za 2 jajci, kuhani v 2 posodah hkrati: kuhajte na polni moči 1½ minute. Pustite stati 1¼ minute. Če so beljaki preveč tekoči, jih kuhamo še 15–20 sekund.

Za 3 jajca, kuhana v 3 jedeh hkrati: kuhajte pri polni moči 2–2 minuti in pol. Pustite stati 2 minuti. Če so beljaki preveč tekoči, jih kuhamo še 20–30 sekund.

Ocvrta (dušena) jajca

Mikrovalovna pečica tukaj odlično opravi svoje delo in jajca so mehka in nežna, vedno obrnjena na sončno stran in z belim robom, ki se nikoli ne nakocka. Cvrenje več kot 2 jajc naenkrat ni priporočljivo, saj bi se rumenjaki skuhali hitreje kot beljaki in postali trdi. To je posledica daljšega časa kuhanja, ki je potreben za strjevanje beljakov. Uporabite porcelan ali keramiko brez kančka dekoracije, kot to počnejo v Franciji.

Za 1 jajce: majhno porcelanasto ali lončeno posodo narahlo premažite s stopljenim maslom, margarino ali kančkom občutljivega oljčnega olja. Jajce razbijte v skodelico, nato pa ga potisnite v pripravljeno posodo. Rumenjak dvakrat preluknjamo z nabodalom ali noževo konico. Rahlo potresemo s soljo in sveže mletim črnim poprom. Pokrijte s krožnikom in kuhajte na polni temperaturi 30 sekund. Pustite stati 1 minuto. Nadaljujte s kuhanjem še 15–20 sekund. Če belina ni dovolj strjena, kuhajte še 5–10 sekund.

Za 2 jajci: kot za 1 jajce, vendar najprej kuhajte na polni moči 1 minuto, nato pa pustite 1 minuto. Kuhajte še 20–40 sekund. Če beljaki niso dovolj strjeni, počakajte nadaljnjih 6–8 sekund.

Piperade

Služi 4

30 ml/2 žlici oljčnega olja
3 čebule, zelo tanko narezane
2 zeleni (bolgarski) papriki, brez semen in drobno narezani
6 paradižnikov, blanširanih, olupljenih, brez semen in narezanih
15 ml/1 žlica sesekljanih listov bazilike
Sol in sveže mlet črni poper
6 velikih jajc
60 ml/4 žlice dvojne (težke) smetane
Toast, za serviranje

Olje nalijte v globoko posodo s premerom 25 cm/10 in ga nepokrito segrevajte na polni moči 1 minuto. Primešamo čebulo in papriko. Pokrijte s krožnikom in kuhajte na odmrzovanju 12–14 minut, dokler se zelenjava ne zmehča. Vmešajte paradižnik in baziliko ter začinite po okusu. Pokrijte kot prej in kuhajte na polni moči 3 minute. Jajca in smetano temeljito stepemo in začinimo po okusu. Prelijemo v posodo in združimo z zelenjavo. Kuhajte brez pokrova na polni moči 4–5 minut, dokler se rahlo ne zmeša, in vsako minuto premešajte. Pokrijte in pustite stati 3 minute, preden postrežete s hrustljavim toastom.

Piperade z Gammon

Služi 4

Pripravite kot za Piperade, vendar postrezite po žlicah na porcijah ocvrtega (dušenega) kruha in vsakega na vrhu položite na žaru (pečeno) ali v mikrovalovni pečici (rezina).

Piperada

Služi 4

Španska različica Piperade.

Pripravite kot za Piperade, vendar dodajte 2 strta stroka česna s čebulo in zeleno papriko ter kuhani zelenjavi dodajte 125 g/4 oz/1 skodelico grobo sesekljane šunke. Vsako porcijo okrasimo z narezanimi polnjenimi olivami.

Jajca po florentinsko

Služi 4

450 g/lb sveže kuhane špinače
60 ml/4 žlice smetane za stepanje
4 poširana jajca, kuhana po 2 naenkrat
300 ml/½ pt/1¼ skodelice pekoče sirove omake ali omake Mornay
50 g/2 oz/½ skodelice naribanega sira

Špinačo in smetano zmešajte v kuhinjskem robotu ali mešalniku. Razporedite v z maslom namazan plitek toplotno odporen krožnik s premerom 18 cm/7. Pokrijte s krožnikom in segrevajte na polni moči 1½ minute. Po vrhu razporedimo jajca in jih premažemo s pekočo omako. Potresemo s sirom in zapečemo pod vročim žarom (brojler).

##Еоširano jajce Rossini

SLUŽI 1

To je elegantno lahko kosilo z listnato prilogo solate.

Pocvremo (podušimo) ali popečemo očiščene rezine pšeničnega kruha. Namažite z gladko jetrno pašteto, ki vsebuje, če cena dopušča, nekaj tartufa. Prelijte s sveže kuhanim poširanim jajcem in takoj postrezite.

Mešanica iz jajčevcev

Služi 4

Izraelska ideja, ki se dobro pretvori v mikrovalovno pečico. Okus je nenavadno močan.

750 g/1½ lb jajčevcev (jajčevcev)
15 ml/1 žlica limoninega soka
15 ml/1 žlica koruznega ali sončničnega olja
2 čebuli, drobno sesekljani
2 stroka česna, zdrobljena
4 velika jajca
60 ml/4 žlice mleka
Sol in sveže mlet črni poper
Vroč toast z maslom, za postrežbo

Jajčevce na vrhu in na repu ter jih po dolžini prepolovite. Razporedite na velik krožnik s prerezano stranjo navzdol in pokrijte s kuhinjskim papirjem. Kuhajte na polni moči 8–9 minut ali dokler niso mehki. Meso iz lupine poberite neposredno v kuhinjski robot z limoninim sokom in pretlačite do grobega pireja. Olje dajte v 1,5-litrsko posodo s 6 skodelicami. Segrevajte brez pokrova na polni moči 30 sekund. Primešamo čebulo in česen. Kuhajte brez pokrova na polni moči 5 minut. Jajca stepemo z mlekom in po okusu dobro začinimo. Nalijte v posodo in mešajte s čebulo in česnom na polni moči 2 minuti ter premešajte vsakih 30 sekund. Zmešamo čebulo in česen ter dodamo pire iz jajčevcev. Nadaljujte s kuhanjem, nepokrito, na polni moči 3–4 minute in mešajte vsakih 30 sekund, dokler se zmes ne zgosti in jajca niso umešana. Postrezite na vročem toastu.

Klasična omleta

Služi 1

Omleta lahke teksture, ki jo lahko postrežete navadno ali polnjeno.

Stopljeno maslo ali margarina
3 jajca
20 ml/4 žličke soli
Sveže mleti črni poper
30 ml/2 žlici hladne vode
Peteršilj ali vodna kreša, za okras

Plitvo posodo s premerom 20 cm/8 premažite s stopljenim maslom ali margarino. Jajca zelo temeljito stepemo z vsemi preostalimi sestavinami, razen z okrasom. (Rahlo razbijanje jajc, kot pri tradicionalni omleti, ni dovolj.) Nalijemo v posodo, pokrijemo s krožnikom in prestavimo v mikrovalovno pečico. Kuhajte pri polni moči 1½ minute. Odkrijte in nežno premešajte jajčno zmes z leseno žlico ali vilicami, tako da delno strjene robove približate sredini. Pokrijte kot prej in vrnite v mikrovalovno pečico. Kuhajte pri polni moči 1½ minute. Odkrijte in nadaljujte s kuhanjem 30–60 sekund ali dokler se vrh ravno ne strdi. Prepognemo na tri in preložimo na segret krožnik. Okrasite in takoj postrezite.

Omlete z okusom

Služi 1

Peteršiljeva omleta: pripravite kot klasično omleto, vendar jajca potresite s 30 ml/2 žlici sesekljanega peteršilja, potem ko se je omleta kuhala prve minute in pol.

Omleta iz drobnjaka: pripravite kot klasično omleto, vendar jajca potresite s 30 ml/2 žlici narezanega drobnjaka, potem ko se je omleta kuhala prve minute in pol.

Omleta z vodno krešo: pripravite kot klasično omleto, vendar jajca potresite s 30 ml/2 žlici sesekljane vodne kreše, potem ko se je omleta kuhala prve minute in pol.

Omelette aux Fines Herbes: pripravite kot klasično omleto, vendar jajca potresite s 45 ml/3 žlice mešanega sesekljanega peteršilja, čebulice in bazilike, potem ko se je omleta kuhala prve minute in pol. Dodamo lahko tudi malo svežega pehtrana.

Karijeva omleta s koriandrom: pripravite kot klasično omleto, le da jajca in vodo poleg soli in popra stepite s 5–10 ml/1–2 žlički karija. Jajca potresite s 30 ml/2 žlici sesekljanega koriandra (cilantra), potem ko se je omleta kuhala prve minute in pol.

Omleta s sirom in gorčico: pripravite kot klasično omleto, le da jajca in vodo stepite s 5 ml/1 žličko pripravljene gorčice in 30 ml/2 žlici zelo fino naribanega trdega sira dobrega okusa ter soli in popra.

Brunch Omleta

Služi za 1–2

Omleta v severnoameriškem slogu, ki jo tradicionalno postrežejo ob nedeljskih malicah. Brunch omleta je lahko aromatizirana in polnjena kot klasična omleta.

Pripravite kot klasično omleto, vendar 30 ml/2 žlici vode zamenjajte s 45 ml/3 žlice hladnega mleka. Ko odkrijete, kuhajte na polni temperaturi 1–1½ minute. Zložite na tri in previdno potisnite na krožnik.

Poširano jajce s topljenim sirom

Služi 1

1 rezina vročega toasta z maslom
45 ml/3 žlice kremnega sira
Paradižnikov kečap (catsup)
1 poširano jajce
60–75 ml/4–5 žlic naribanega sira
paprika

Toast namažite s kremnim sirom, nato s paradižnikovim kečapom. Postavite na krožnik. Prelijte s poširanim jajcem, nato potresite z naribanim sirom in potresite s papriko. Odkrito segrevajte pri odmrzovanju 1–1½ minute, dokler se sir ravno ne začne topiti. Jejte takoj.

Jajca Benedict

Služi za 1–2

Noben severnoameriški nedeljski zajtrk ne bi bil popoln brez Eggs Benedict, neverjetno bogate jajčne mešanice, ki kljubuje vsem omejitvam glede kalorij in holesterola.

Razdelite in popecite muffin ali bap. Na vrh obložite rezino (rezino) mehke slanine, pečene na običajnem žaru, nato obe polovici pokrijte s sveže poširanim jajcem. Premažemo s holandsko omako, nato rahlo potresemo s papriko. Jejte takoj.

Omleta Arnold Bennett

Služi 2

To je monumentalna in nepozabna omleta, ki naj bi jo ustvaril kuhar v londonskem hotelu Savoy v čast slavnemu pisatelju, za vsak praznik in praznik.

175 g/6 oz dimljene vahnje ali fileja trske
45 ml/3 žlice vrele vode
120 ml/4 fl oz/½ skodelice crème fraîche
Sveže mleti črni poper
Stopljeno maslo ali margarina, za ščetkanje
3 jajca
45 ml/3 žlice hladnega mleka
Ščepec soli
50 g/2 oz/½ skodelice obarvanega sira Cheddar ali Red Leicester, naribanega

Ribe položite v plitvo posodo z vodo. Pokrijte s krožnikom in kuhajte na polni moči 5 minut. Pustite stati 2 minuti. Odcedimo in z vilicami razkosmimo meso. Delajte v crème fraîche in po okusu začinite s poprom. Plitvo posodo s premerom 20 cm/8 premažite s stopljenim maslom ali margarino. Jajca temeljito stepemo z mlekom in soljo. Vlijemo v posodo. Pokrijte s krožnikom in kuhajte na polni moči 3 minute, pri čemer na polovici kuhanja nastavitvene robove premaknite na sredino. Odkrijte in kuhajte na polni nadaljnjih 30 sekund.

Namažemo z mešanico ribe in smetane ter potresemo s sirom. Odkrito kuhajte na polni moči 1–1½ minute, dokler ni omleta vroča in se sir stopi. Razdelite na dva dela in takoj postrezite.

Tortilja

Služi 2

Priznana španska omleta je okrogla in ploščata kot palačinka. Udobno se prilega kosom kruha ali žemljicam in hrustljavi zeleni solati.

15 ml/1 žlica masla, margarine ali oljčnega olja
1 čebula, drobno sesekljana
175 g/6 oz kuhanega krompirja, narezanega na kocke
3 jajca
5 ml/1 žlička soli
30 ml/2 žlici hladne vode

Maslo, margarino ali olje damo v globoko posodo premera 20 cm/8. Segrevajte pri odmrzovanju 30–45 sekund. Zmešajte čebulo. Pokrijte s krožnikom in kuhajte na odmrzovanju 2 minuti. Vmešajte krompir. Pokrijte kot prej in kuhajte pri polni moči 1 minuto. Odstranite iz mikrovalovne pečice. Jajca temeljito stepemo s soljo in vodo. Enakomerno prelijemo po čebuli in krompirju. Kuhajte brez pokrova na polni moči 4 minute in pol, posodo enkrat obrnite. Pustite stati 1 minuto, nato razdelite na dva dela in vsak del preložite na krožnik. Jejte takoj.

Španska omleta z mešano zelenjavo

Služi 2

30 ml/2 žlici masla, margarine ali oljčnega olja
1 čebula, drobno sesekljana
2 paradižnika, olupljena in narezana
½ majhne zelene ali rdeče (bolgarske) paprike, drobno sesekljane
3 jajca
5–7,5 ml/1–1½ žličke soli
30 ml/2 žlici hladne vode

Maslo, margarino ali olje damo v globoko posodo premera 20 cm/8. Segrevajte pri odmrzovanju 1½ minute. Primešamo čebulo, paradižnik in sesekljano papriko. Pokrijte s krožnikom in kuhajte na odmrzovanju 6–7 minut, dokler se ne zmehča. Jajca temeljito stepemo s soljo in vodo. Enakomerno prelijemo po zelenjavi. Pokrijte s krožnikom in kuhajte na polni moči 5–6 minut, dokler se jajca ne strdijo, posodo enkrat obrnite. Razdelite na dva dela in vsak del preložite na krožnik. Jejte takoj.

Španska omleta s šunko

Služi 2

Pripravite kot špansko omleto z mešano zelenjavo, vendar zelenjavi dodajte 60 ml/4 žlice grobo sesekljane na zraku posušene španske šunke in 1–2 strta stroka česna ter kuhajte še 30 sekund.

Sirna jajca v omaki iz zelene

Služi 4

Kratka jed za kosilo ali večerjo, ki zagotavlja obilen obrok za vegetarijance.

6 velikih trdo kuhanih (trdo kuhanih) jajc, oluščenih in razpolovljenih
300 ml/10 fl oz/1 pločevinka kondenzirane zelene juhe
45 ml/3 žlice polnomastnega mleka
175 g/6 oz/1½ skodelice sira čedar, nariban
30 ml/2 žlici drobno sesekljanega peteršilja
Sol in sveže mlet črni poper
15 ml/1 žlica praženih drobtin
2,5 ml/½ žličke paprike

Jajčne polovice razporedimo v globok pekač s premerom 20 cm/8 cm. V ločeni skledi ali posodi nežno zmešamo juho in mleko. Odkrito segrevajte na polni moči 4 minute, vsako minuto mešajte. Vmešajte polovico sira in segrevajte nepokrito na polni moči 1–1½ minute, dokler se ne stopi. Vmešajte peteršilj, začinite po okusu, nato pa z žlico prelijte jajca. Potresemo s preostalim sirom, drobtinami in papriko. Pred serviranjem popečemo pod vročim žarom (brojlerjem).

Jajca Fu Yung

Služi 2

5 ml/1 žlica masla, margarine ali koruznega olja
1 čebula, drobno sesekljana
30 ml/2 žlici kuhanega graha
30 ml/2 žlici kuhanih ali konzerviranih fižolovih kalčkov
125 g/4 oz narezanih gob
3 velika jajca
2,5 ml/½ žličke soli
30 ml/2 žlici hladne vode
5 ml/1 žlička sojine omake
4 mlade čebule (glava čebula), drobno narezane

Maslo, margarino ali olje dajte v globoko posodo s premerom 20 cm/8 in segrevajte brez pokrova 1 minuto na odmrzovanju. Vmešajte sesekljano čebulo, pokrijte s krožnikom in kuhajte na polni moči 2 minuti. Vmešajte grah, fižolove kalčke in gobe. Pokrijte kot prej in kuhajte na polni temperaturi 1½ minute. Odstranite iz mikrovalovne pečice in premešajte. Jajca temeljito stepemo s soljo, vodo in sojino omako. Enakomerno prelijemo po zelenjavi. Kuhajte brez pokrova na polni moči 5 minut in dvakrat obrnite. Pustite stati 1 minuto.

Razdelimo na dva dela in vsakega preložimo na segret krožnik. Okrasite z mlado čebulo in takoj postrezite.

Pica omleta

Služi 2

Novost pice, osnova namesto kvašenega testa iz ploščate omlete.

15 ml/1 žlica oljčnega olja
3 velika jajca
45 ml/3 žlice mleka
2,5 ml/½ žličke soli
4 paradižnike, blanširane, olupljene in narezane
125 g/4 oz/1 skodelica sira Mozzarella, nariban
8 konzerviranih inčunov v olju
8–12 črnih oliv brez koščic

Olje dajte v globoko posodo s premerom 20 cm/8 in ga nepokrito segrevajte 1 minuto na odmrzovanju. Jajca temeljito stepemo z mlekom in soljo. Prelijemo v posodo in pokrijemo s krožnikom. Kuhajte na polni moči 3 minute, na polovici kuhanja pa premaknite nastavitvene robove na sredino posode. Odkrijte in kuhajte na polni nadaljnjih 30 sekund. Namažite s paradižniki in sirom, nato pa okrasite s sardoni in olivami. Kuhajte brez pokrova na polni moči 4 minute in dvakrat obrnite. Razdelite na dvoje in takoj postrezite.

Soufflé omleta

Služi 4

1 zelo svež krap, očiščen in narezan na 8 tankih rezin
30 ml/2 žlici sladnega kisa
3 korenčki, narezani na tanke rezine
3 čebule, na tanke rezine
600 ml/1 pt/2½ skodelice vrele vode
10–15 ml/2–3 žličke soli

Krapa operemo, nato pa ga za 3 ure namočimo v toliko hladne vode, ki ji dodamo kis, da je riba prekrita. (To odstrani okus po blatu.) Korenje in čebulo položite v globoko posodo s premerom 23 cm/9 z vrelo vodo in soljo. Pokrijte s filmom za živila (plastično folijo) in ga dvakrat zarežite, da lahko para uhaja. Kuhajte na polni moči 20 minut in posodo štirikrat obrnite. Odcedite in prihranite tekočino. (Zelenjavo lahko uporabimo tudi drugje v ribji juhi ali pomfriju.) Tekočino zlijemo nazaj v posodo. Dodajte krapa v eni plasti. Pokrijte kot prej in kuhajte na polni moči 8 minut, posodo dvakrat obrnite. Pustite stati 3 minute. S pomočjo ribje rezine prestavite krapa v plitko posodo. Pokrijte in ohladite. Tekočino prenesite v vrč in ohladite, dokler ne postane žele. Žele prelijte po ribah in postrezite.

Rollmops z marelicami

Služi 4

75 g/3 oz suhih marelic
150 ml/¼ pt/2/3 skodelice hladne vode
3 kupljene rollmops z narezano čebulo
150 g/5 oz/2/3 skodelice crème fraîche
Mešani listi solate
Hrustljavi kruhki

Marelice operemo in narežemo na grižljaj velike koščke. Postavite v skledo s hladno vodo. Pokrijte z obrnjenim krožnikom in segrevajte pri polni moči 5 minut. Pustite stati 5 minut. Odtok. Rollmops narežemo na trakove. Dodamo k marelicam s čebulo in crème fraîche. Dobro premešaj. Pokrijte in pustite, da se marinira v hladilniku 4–5 ur. Postrezite na solatnih listih s hrustljavimi kruhki.

Poširan Kipper

Služi 1

Mikrovalovna pečica prepreči vonj po hiši, kiper pa ostane sočen in mehak.

1 velik nebarvan kiper, približno 450 g/1 lb
120 ml/4 fl oz/½ skodelice hladne vode
Maslo ali margarina

Obrežite repa in zavrzite rep. Namakajte 3–4 ure v večkratni menjavi hladne vode, da zmanjšate slanost, po želji nato odcedite. Postavite v veliko, plitvo posodo z vodo. Pokrijte s filmom za živila (plastično folijo) in ga dvakrat zarežite, da lahko para uhaja. Kuhajte na polni moči 4 minute. Postrezite na ogretem krožniku s koščkom masla ali margarine.

Kozice Madras

Služi 4

25 g/1 oz/2 žlici gheeja ali 15 ml/1 žlica arašidovega (arašidovega) olja
2 čebuli, sesekljani
2 stroka česna, zdrobljena
15 ml/1 žlica vročega karija
5 ml/1 žlička mlete kumine
5 ml/1 čajna žlička garam masale
Sok 1 majhne limete
150 ml/¼ pt/⅔ skodelice ribje ali zelenjavne osnove
30 ml/2 žlici paradižnikove mezge (pasta)
60 ml/4 žlice sultanij (zlate rozine)
450 g/1 lb/4 skodelice olupljenih kozic (škampov), odmrznjenih, če so zamrznjene
175 g/6 oz/¾ skodelice dolgozrnatega riža, kuhanega
Popadomi

Ghee ali olje dajte v globoko posodo s premerom 20 cm/8. Segrevajte nepokrito na polni moči 1 minuto. Temeljito premešajte čebulo in česen. Kuhajte brez pokrova na polni moči 3 minute. Dodajte kari, kumino, garam masalo in limetin sok. Kuhajte brez pokrova na polni moči 3 minute in dvakrat premešajte. Dodamo osnovo, paradižnikovo mezgo in sultanke. Pokrijte z obrnjenim krožnikom in kuhajte na polni moči 5 minut. Kozice po potrebi odcedimo, nato dodamo v jed in premešamo, da se povežejo. Kuhajte brez pokrova na polni moči 1½ minute. Postrezite z rižem in popadomi.

Martini zvitki morske plošče z omako

Služi 4

8 filejev morske plošče, vsak po 175 g/6 oz, opranih in posušenih
Sol in sveže mlet črni poper
Sok 1 limone
2,5 ml/½ žličke Worcestershire omake
25 g/1 oz/2 žlici masla ali margarine
4 šalotke, olupljene in narezane
100 g/3½ oz/1 skodelica kuhane šunke, narezane na trakove
400 g gob, narezanih na tanke rezine
20 ml/4 žličke koruzne moke (koruznega škroba)
20 ml/4 žličke hladnega mleka
250 ml/8 fl oz/1 skodelica piščančje juhe
150 g/¼ pt/2/3 skodelice enojne (lahke) smetane
2,5 ml/½ žličke železnega (superfinega) sladkorja
1,5 ml/¼ žličke kurkume
10 ml/2 žlički martini bianco

Ribe začinite s soljo in poprom. Marinirajte v limoninem soku in Worcestershire omaki 15–20 minut. V kozici (ponvi) stopimo maslo ali margarino. Dodamo šalotko in jo rahlo pražimo (dušimo), da postane mehka in napol prozorna. Dodamo šunko in gobe ter med mešanjem pražimo 7 minut. Koruzno moko zmešajte s hladnim mlekom do gladkega in dodajte preostale sestavine. Fileje morske plošče zvijte in prebodite s koktajlnimi palčkami (zobotrebci). Razporedimo v globok krožnik s premerom 20 cm/8. Premažemo z gobovo mešanico. Pokrijte s filmom za živila (plastično folijo) in ga dvakrat zarežite, da lahko para uhaja. Kuhajte na polni moči 10 minut.

www.ingramcontent.com/pod-product-compliance
Lightning Source LLC
Chambersburg PA
CBHW070409120526
44590CB00014B/1323